フェミニストとオタクはなぜ相性が悪いのか

「性の商品化」と「表現の自由」を再考する

香山リカ　北原みのり

イースト・プレス

はじめに

北原みのり

20年以上、性に関わる仕事をしているけれど、未だに「エロ」に慣れない。慣れないどころか、コンビニで「成人向け」と書かれた衝立一枚挟んで男性向けエロ本が並ぶ光景には、年々怒りが増している。こんな紙の衝立にいったい何の意味があるんだよっ！　というかそもそもコンビニにエロ本なんて必要？　ネットでひっそり買え！　ブツブツ心の中で呪詛を吐きつつ本棚の前を通り過ぎるのが常だ。でも、時々我に返るように思う。私は何にこんなに怒っているのだろう。

数年前に『ビートたけしのＴＶタックル』から出演依頼がきたことがある。二次元エロ表現を議論する、というテーマだった。性をテーマにテレビで語るのは怖いが、出ることにした。というのも、その頃、幼女の性器を模した男性向けグッズや二次元での幼女レイプ表現などに私は危機感を抱いていたから。幼女をレイプする表現は、たとえそれが現実の加害でなくても、子どもと女性へのヘイトスピーチなのではないか。そんなことをカメラの前で問いかけてみたいと思ったのだ。

ところが放送日前日に送られてきた台本を見て、私は青ざめることになる。台本のなかで私は「表現規制派」と名付けられ、自民党のオジサン議員と並び、人気漫画家やタレントと「闘う」ことが求められていたのだ。規制すべきだとは言ってないし、女性の権利を理解しているとは思えない保守オジサン政治家とバイブを売るフェミの結託だなんて、グロテスクにもほどがあるだろう。かといって、こんな二項対立のなかでオジサンと私の違いをテレビの前で丁寧に説明できるのか。

結局私は出演を辞退したのだけど、放送された番組を見て自分の甘さを突きつけられた。「表現規制」を主張する政治家のオジサンは表現の自由の尊さを理解せず、ファンタジーと現実の区別もつかないマヌケにしか見えなかった。一方「表現の自由派」は、ファンタジーはファンタジーですよ〜、表現の自由は権利ですよ〜と当たり前のことを言うだけで、最初から「勝っていた」。そうか、私は、噛われ要員として呼ばれたのか。テレビの前で頬をはたかれるように気がついた。

この国を生きるのに、エロは避けて通れない社会環境だ。電車の中のエロ広告、行政のPRに使われる萌えキャラ、女のモノ化を厭わないCMや、ネットの中の二次元エロバナーに、コンビニのエロ本。公共空間でこれほど女のモノ化が商売になっている現実は、この国が自由であることの証しなのか、それとも性差別の証しなのか。多分、どちらもだ。私はその状況に常に居心地の悪さを感じてきた。

ところがその心の声をもらしたとたんに「表現の自由を規制するのか」「(エロ表現物がなくなったら)レイプが増えるぞ」と脅され、「批判するだけじゃダメ、どういうエロがいいのか示せ」などと「対案」を求められる。まるでどこかの国会みたいで、とかく、男のエロを批判するのは難しい。男のエロは権力であるかのように、私には見えている。

とはいえ、正直に言えば、私は20年前はコンビニで女性向けのエロ本(↑売られていた)をチェックするような女だったのだ。エロの「消費者」になりたいと願っていたし、女性たちが主体的に楽しめる場所が欲しいと願い、セックスグッズショップをはじめたのだ。今もその思いがないわけではないけれど、こと性に関して「女の主体」とか「女の自由」という言葉ほど、もしかしたらリアリティを持てなくなっているものはないんじゃないか、そんな社会で主体とか自由とかを、私が20代だった時と同じ調子で言い続けることには無理があるのではないか、と思うことが増えた。なぜなら、この20年、私は、性に傷つき、性に葛藤し、性に困っている女性たちと、より多く出会ってきたから。自由や主体よりも、これ以上傷つきたくない、これ以上怒りたくない、そんな女たちと出会ってきたから。

「エロ」を男目線を内面化して見ていくことで味わう葛藤を描いたのは、作家の雨宮まみさんだった。サブカルチャー、エロ、AVという男社会を「男目線」で渡り歩きながら、「女」として扱われることで受ける理不尽、自分を肯定できず否定し続けるような苦しみを「こじらせ」という言葉で表現した。

雨宮さんが亡くなって、もうすぐ1年になる。私は彼女と親しかったわけじゃない。むしろ「彼女がなんで苦しんでいるのか、よくわからなかった」というのが率直なところだ。それでも雨宮さんを通してずっと見せてもらっていた。この国で女でいることの難しさに満身創痍な女たちの無数の背中を、そして「よくわからなかった」私が見えていないものの重さを。

フェミニズムは万能じゃない。というか、万能なイズムなど、怖い。女の苦しさも多様だ。でも、こと性のことで傷つき、こじらせ、苦しんでいる女に届かないフェミに役割はあるのだろうか。今を生きる女の子たちは、どんな性の地図を生きているんだろう。私たちは、どこまで男を許せばいいのだろう。

相変わらず女の子たちは、「お前は売れる」という合唱を空気のように浴びて生きている。むしろ少し前よりも経済格差が広がり、シングルマザーになった途端に貧困が極まるような粗末な社会保障の日本で、多くの女性たちが流れるように性産業に入っているのが現実だ。そして若い女子たちは次々に新しい「素材」を求めるエロ業界に、簡単に巻き込まれていくような社会でもある。

大きな口を開けて女性たちを待っている性産業界を、クリーンに安全に整えるのが大人の仕事なのか、もしくはできる限りその入り口を狭くしていくのが正解なのか、なくすべきなのか。そしてこれ以上女の性をモノ化することで誰が幸せになれるんだろう。そういうことを、私は丁寧に語っていきたいと想った。「主体」と「自由」を手放したくないのなら、なおさら。

そんな風に、普段ブツブツと一人で考えている私に、対談しよう、と声をかけてくださったのが香山リカさんだ。

香山さんのペンネームはリカちゃん人形からきているのよと、会社の若いスタッフに話したら驚いていた。「結びつかない」と言う。今の若い世代にとって香山さんはヘイトスピーチに体当たりし差別と闘う人というイメージが強いのだそうだ。

私にとっては香山さんはバブル時代のサブカルチャーを代表する言論人で、ラカンなども論じる「ナウい」お姉さんなのだった。香山リカさんを知ってから四半世紀。人形のほうのリカちゃんは、愛子さんが生まれた2001年に「妊娠」して、子どもが生まれた。リアルワールドのリカさんは、21世紀に街に出て差別をまき散らす集団とガチで闘っている。そんな未来、昭和の私には、想像できなかったな。人生は全く、一寸先は闇だ。

というわけでお互い背負うものが重くなりましたね……な気持ちで、香山さんと膝突き合わせながら、性を語ることになった。それぞれ持っている性の地図をお互いに広げながら考えた。

対談の項目は香山さんが考えてくださった。タイトルは全て話し終わってから二人で決めた。香山さんがオタクを、私がフェミを代表する、というわけじゃない。ただ、1989年に日本を震撼させた宮崎勤の「部屋」から、「オタク」文化の言論人として本格的に言論活動をはじめた香山さんと、宮崎勤の「部屋」から逃れるようにフェミニズムに言葉を求めてきた私は、そもそも全く違う性の世界を生きてきた。

同じ「部屋」を見て、全く違う言葉を紡ぎ出した89年からの約30年。あの時、出会えなかった「オタク」の香山さんと、「フェミニズム」を求めた私の性を巡るフェミ的な対話だ。宮崎勤事件が破壊したものは大きい。そして、あの事件を起点にした30年間、私たちがこの社会で育んできたものの正体を考えながら、私は香山さんと話した。

香山さんが見えている性の世界と私が見えているものは当然違う。当たり前。でも、私たちは表現の自由を失いたくないからこそ、語りあった。女は時代に呑まれながらも、おぼれないために誰かと手をつなぎたがっているのだ。そして対話はいつも、次の何かの一歩になると信じてる。皆さんも一緒に考えてくれるきっかけになれば嬉しいです。この機会を作ってくださったイースト・プレスの藁谷浩一さんに感謝です。

目次

1

「性の商品化」で論じられてきたこと

偏差値教育という〝ジェンダーフリー〟

北原　香山さんがフェミニストという印象って、あまりないです。香山さんにとって、ジェンダーや性とはどういうものでしたか?

香山　私も自分がフェミニストかどうか知りたくて、北原さんと話したいと思ったのです。私はテレビゲームとかサブカルといった文化が出発点なんです。たとえばロールプレイングゲームの場合、主人公の性を少年にするのか少女にするのかは自分で選べる。ゲームは、あまりプレイヤーの性に囚われない文化なんですよね。

私は1960年生まれで、札幌生まれ、小樽育ちです。全国的にそうだったのかはわかりませんが、女性も勉強すれば大学へ進学できるという、教育の機会においては男女平等になってきた世代でした。母親の世代はまだ大学へはあまり行けておらず、ただ男女雇用機会均等法はまだ先の話で、私たちはその狭間でした。そして偏差値が導入された世代でもあります。偏差値ってすごく匿名性が高いんです。外見も性別も全く関係なく、単純に点数だけで数値化される世界です。あとになって「偏差値教育の弊害」などと言われるようにもなりましたが、当時は学校の先生も「男の子とか女の子とかお金持ちとか貧乏とか関係なく、これでようやく君たちも機会が平等になった」というようなことを言われた記憶がおぼろげにあります。そういう意味では勉強の名のもとに、いろんなものから解放されたような感覚を得た世代でした。

だから「勉強さえすればいい学校に行ける」という考えのもと、うちもそうでしたが、母親たちが教育にものすごく血道を上げてしまって、とにかく勉強勉強と言われました。その頃ちょうど、「教育ママゴン」[1]という言葉が聞かれるようになった。

北原　言ってましたね、「ママゴン」（笑）。

香山　今考えると不自然なんですが、子どもは「家事も手伝わなくていい。手伝っちゃいけない。そんな暇があったら勉強しなさい」という感じだったんです。私の家も特に厳しい家庭ではありませんでしたが、ジェンダーフリーというよりは、「勉強のために家のことはしなくていい」という感覚でした。逆に、勉強の阻害要因になるのは性の目覚めだと察知したらしく、少女漫画とか恋愛ドラマはあまり見ちゃいけないと言われる一方で、怪獣映画とかプロレスは見放題だった。すごくアンバランスな認識で、暴力は奨励されていました（笑）。

1：偏差値が重視されていた時代に、勉強の押しつけをおこなうモンスターペアレントの俗称。

だから、親には「少年化することは良いことだ」という間違った認識があったと思います。私がプロレスとかウルトラシリーズを見て、「うわ〜！」なんて言って興奮していることについては、「変に色気づいて勉強をほったらかしにする心配はなくなった」と感じたみたいで、すごく寛大だった。今思えば、そういう意味ではジェンダーフリーというよりもむしろ、女性であることをあらかじめ剥奪されていたような感じがありますよね。

北原　女＝「色気づく」というのも息苦しそうですね。

産婦人科で覗き見る大人の性

北原　たとえば、成長過程で女として「性の商品化」を突きつけられるような体験ってなかったですか。男性の欲望の対象に一方的にされるような経験とか。

香山　男性の欲望の対象にされるということや性的なこと自体、世の中の「暗黒面」みたいに見ていました。うちの親は産婦人科医なんですが、それはまさに性の現場なんです。

北原　ご自宅の建物が病院なんですもんね。

香山　はい。家のドア一枚隔てた向こう側が診療所だったんです。父の病院は小さかったですが、お産もあずかっていました。その頃は立ち会い出産もない頃で、夫は自宅で待っていて妻が出産を済ませると、うちの父はサービスとしてインターホンと電話機の回線を逆にくっつけて、分娩室から夫に第一声を聞かせてあげるということをやっていたんです。「○○さんですか、無事生まれましたよ。奥さんに代わりますね」と言って電話をインターホンにつなげるから、「男の子だったわよ」「よくやったな！」といった夫婦のやりとりがうちの家に丸聞こえだったんです。そしてほとんど毎日その感動の会話を聞いていた私は、「誰もがみんな同じこと言ってるわ」ってだんだん冷めていってしまったんです。ある時期からは、「こういう感動も、結局はセックスの成れの果てだよな」なんて思うようになってしまって。そういう意味では教育的にも抑圧されていますね。もう性的なものに対して美しいイメージがなくなってしまって。

北原　ある意味曲がった環境にいたんですね（笑）。でも、たとえば「幸せ」な出産をする女性の一方で、中絶する女性たちも病院にはいましたよね。60～70年代は特に、年間100万件と、中絶件数が最多な時代で、「中絶天国」と海外から言われていた時代ですよね。

香山　その実感は父の仕事を見ながらもありました。これは、父親も亡くなったのでもう時効だと思いますが、10代のいわゆる「望まない妊娠」の中には中絶できないような月数になってしまった人もいて、実は父もそういう活動をされている方とのネットワークを通じて養子斡旋のお手伝いをすることがありました。ただ、小樽の小さな町だったから、「中絶したのは◯◯中学の△△さんだ」ということまで町の人のウワサになってしまう状況もあり、友達からも聞かれて、「わからない」と答えるのが大変でしたね。

北原　すごい現場にいたじゃないですか！　産婦人科って女の人生の困難が凝縮される場所ですから。

香山　そうですよね。でも当時は女性とは何たるかということを認識するよりも、友達に「お前のお父さんスケベ」「お前のお父さんは女の股を毎日見てんだぞ」なんて言われて、「お父さんそういう人なのかしら、マジメそうに見えるけどホントは！」と考え出すと親の職業を全然誇りに思えなくて。

北原　へぇ〜!!

香山　だから性に対して、歪んだ感性が育っていったようにも思います。子どもを持つことにポジティブな憧れを持てなかった。結婚式の挨拶なんかでよく、「次は子どもですね」って堂々と言われたりすると「それは『(セックスを) どんどんヤりなさい』みたいな意味なの？　そういうこと人前で言って良いの？」と思ってしまう。

北原　そう聞こえてしまう、と(笑)……中学生か!?

香山　そうなんです。私は大学で教えているんですが、一時期「女性就労とワークライフバランス」というような流行りの授業があって、毎回いわゆる勝間和代さん的な「仕事と家庭を両立させてます」というゲストが来て、自分の人生の履歴書といったふうに、「22歳大学卒業、23歳◯◯商事入社、25歳夫と出会って結婚、28歳第一子出産」なんて話しているのを聞くと、「じゃあこの辺でヤッて、この辺でヤッて、ということなのね。そういうのを堂々とスライドにしていいのか！」なんて思ってしまって(笑)。同僚に話したら、なに言ってるんですか？　とあきれられました。

北原　面白い！　実は相当、性に振り回されてきたんですね(笑)。

香山　授業の質問タイムの時に学生も堂々と、「お子さんが一人いらっしゃいますけど、第二子はお考えにならないんでしょうか」とか、すごく踏み込んだことを聞くんです。子どもを産む産まないというのは選択の自由ですけど、「第二子はぜひ、目指して頑張っています」なんて答えている。でもその答えの裏を考えると、「え？　そんなこと授業で言い合っていいのかな」みたいな気になってくる。

北原　電車で妊婦さんを見て、「セックスしてんのか」って考える男子と変わらない(笑)。

香山　そうなんです。それ、私個人というより、時代じゃないのかな。

北原　そうなんですか？

香山　堂々とそういうことを言って良いのかという羞恥心がある。「家族計画」という言葉は私が小学生の頃からよく言われてましたけど、「計画的」なものなのかというのは、永遠の性の謎です。

北原　「永遠の性の謎」(笑)。

香山　大学のキャリアセンターなんかでも、就活中の女子学生に自分の受ける会社が育児休暇とか産休がちゃんとあるかをチェックするよう指導していて、学生も「今受けている会社は育児休暇も3年ちゃんと取れるんです」なんて言うから、「結婚の予定があるんだね」と聞くと、「そんなの全然ない。彼氏もいない」と言うんです。なんの予定がない人も気にするんですね。それは今、当たり前のことなんでしょうか。

北原　どうなんでしょう。それにしても、香山さんは性の倫理観が強かったんですね。

香山　なんだか「性＝悪いこと」みたいな価値観を植え付けられた世代ですね。解放されてない。

女性誌のオシャレなヌードの光と影

北原　私と香山さんはちょうど10年時代が違いますが、時代の制約がどこまであるのかはわからないです。私が中学生の頃、ＡＶを家庭のビデオデッキで隠れてこっそり観る……というようなことが始まりました。そういう意味で、ＡＶをフツーに観て、ＡＶでセックスを学んでいく最初の世代だったんじゃないかなと思います。

ちょうど中学2年生の時に、国会で女の子たちが読む雑誌『エルティーン』が問題[2]になったことがありました。教室では男子がエロ本やＡＶの話をしているのに、女の子が読む雑誌でセックスが書かれていることが国会で問題になる。連日かなり大騒ぎになってましたよね。『エルティーン』を読んでいる女の子たちが責められる理由がわからなくて、国会議員のオジサンの憤りが気持ち悪かった。たぶんその頃から、女

2：1984年に国会にてティーン誌5誌が性に関する規制について取り上げられ、問題となった。そのなかに『エルティーン』や、『Popteen』が含まれていた。

に厳しく男に甘い性、というのが、そもそも気になって仕方なかったんだと思います。

当時、女の子にとって性を学ぶ機会は雑誌でしたよね。私も雑誌が大好きだったのでいろんな雑誌をあさるように読んでましたが、たいてい一夏の体験的な読者投稿欄などが女性誌にはありましたよね。そんな中で、『ａｎ・ａｎ』は私にとって別格でした。特に性のことでいえば、『ａｎ・ａｎ』から学んだことは大きかったと思います。１９８９年の「セックスでキレイになる」特集は、今もページの一枚一枚を覚えているほど大切に読みました。性を露悪的に語る女というのは昔もいましたけど、こんなふうに性を格好良く、オシャレにも語れるんだなぁ、コスメとセックス、ファッションとセックス、そんなふうに並べていいんだな、しかも自分がキレイになるために……って、と感動したんです。

『ａｎ・ａｎ』は創刊時からずっとセックス特集のようなことはしているんだけど、やはり女性編集長になってのセックス特集は、女の味方って感じがしました。

それまで、性っていうとグロテスクだったり、暴力的だったり、淫靡でなくてはいけなかったり、ヒソヒソと体験談を語るものだったのが、全く別の次元での語り口を提示しましたよね。

香山　もうなくなってしまった女性誌で『微笑』ってありましたね。

北原　『微笑』はすごかったですよね〜！

香山　あれこそ女性が読む雑誌でしょ？　「夫婦生活四十八手」とか、「中勃ち」とかが説明してあって、「こうしましょう」みたいな性の手ほどきが写真やイラスト入りで載っていた（笑）。また当時、奈良林祥先生の『HOW TO SEX――性についての方法』（KKベストセラーズ　1971）という本がありました。

北原　ドクトル・チエコと並んで、家庭に一冊必ずある、みたいな本でしたよね。

香山　最近になって知ったんですが、奈良林先生は敬虔なクリスチャンで、最初は神様のもとで良い家庭を作って結婚生活を円滑にするという考えから性の手ほどきを始めたそうです。浮気や不倫ではなく、夫婦の間で性の喜びを確かめるということを説いておられた。それが一人歩きして、性のテクニックを伝授する話ばかりが取り沙汰されるようになってしまったんですが、奈良林先生は長い間、主婦会館で性だけではなく、夫婦生活全般の悩みも聞くような結婚カウンセリングをやられていた、立派で真面目な先生だったそうです。だから当時は、表立って性を教えてくれる場所がなく、隠れて『微笑』なんかを読んで夫婦で性を学ぶというような状況があったんじゃないかなと思います。

北原　『微笑』には読者体験談もかなりありましたよね。中絶やレイプといったそういう性の情報も、私『微笑』でかなり耳年増的に習った気がします。

香山　『婦人公論』もすごかったですよね。

北原　女性雑誌は性を取り上げない、みたいなことよく言われるけど、70年代〜80年代の女性誌は、かなり積極的に性を取り上げていましたね。そこが唯一の情報源だったからかもしれない。特に読者の声といった生々しさは雑誌の力だったと思います。

『モア・リポート』（集英社 1983）も画期的でした。

香山　80年代に女性誌『MORE』誌上での性に関するアンケートをまとめた『モア・リポート』は初めて女性の性の本音を表に出したという意味で画期的でした。家庭内の普通のセックスも受け身的で男性主体だったのが、女性も自ら快楽を求めていいということを言ってくれた。

北原　女性誌は「本音のところはどうだったの？」というコミュニケーションの場でもあって、読書欄が時代を映す鏡でしたよね。セックスの情報も、とても生々しい「体験」として描かれていた。でもそれは、やっぱりヒソヒソと語るものだった。それが90年代になってから、『an・an』はヒソヒソと語る体験談ではない新しいセックスの語り口を提供したんでしょうね。

香山　ただ、陰の部分もあると思います。当時、女性が雑誌の取材だと呼び出されてレイプされて殺された事件があったんです。そのことについて、当時、私は『ａｎ・ａｎ』の編集者から「うちの編集部にも時々、『ａｎ・ａｎ』のセックス特集でヌードを撮られたんですけどいつ掲載されるんですか、という電話がかかってきた」という話を聞いたことがあります。

北原　え～！

香山　「うちの名を騙って、ヌードを撮っている人がいるんです」って。でもそれ、起こり得ますよね。一般の女の子が「◯◯ホテルに来てください」って担当者に言われて、ノコノコ一人で行くっていうスタイルだったから。

北原　どの時代もそういうクソ男っているんですね……。

香山　だからやっぱり、キレイなものの裏には、必ずそういうものがあるんだなって思いますね。

北原　……私もイソイソとホテルに行ってしまったかもしれないです。

香山　全然違う雑誌に載せられて、「なんかオシャレだから脱ぎました」ってなっていた子も多いと思います。

北原　それは女性を責められないですね。だってあの時、ヌードの意味が変わったんですよ。男のための体じゃなく、自分のための体を美しいと捉えたい、しかも『ａｎ・

ａｎ』に応援されながら……って、そういう女の子たちの憧れ、私はすごくよくわかります。男に消費される性じゃなくて、自らが消費の対象であり常に主体なんだ、というような楽しさだったんじゃないかと思うんです。

香山　当時は、男性からの「お前もスキモノなんだろ？」みたいな見方ってなかったんでしょうか。

北原　まぁ、そう見たがる男性は時代を問わずいるでしょうね。特に90年代初頭は、コンビニで女性向けエロ本が並べられている時代で、レディコミ全盛期でしたよね。女性たちが性をポジティブに捉える一方で、オジサンたちの勘違いも深まっていたかもしれません。

私自身が当時、関心があったのは、レディコミで描かれる「レイプ神話」の扱い方でした。最初は抵抗するけれど、次第に気持ちよくなって最後は女性が積極的になる……というような「レイプ神話」です。フェミニストは、それまで男性向けポルノで描かれてきたレイプ表現にさんざん抗議してきたわけですよね。でも、レディコミでは女性作者がレイプ神話を積極的に描き、それが商品化され、女性に大人気を博している。「性の商品化」「レイプ神話」は許さない、と言ってきたフェミニストの正論が、女性が自ら脱ぎ、そして自らレイプ神話表現をする現実を前に、力を失っていくように見えたんです。

香山　なるほどね。女性の主体性を否定しているように聞こえますものね。

北原　そして、90年代に起きたフェミニズムにとっての衝撃は、セックスを売る女性たち自らが「セックスワーク」[3]という言葉を掲げ、それまで性の商品化を批判してきたフェミニストたちを、保守的だ、という文脈で攻撃し始めたことなんですよね。曰く、セックスを売る仕事を労働として認め、倫理の観点から否定してはいけない、倫理の観点から否定することがむしろセックスを売る女性に対する偏見を深め、差別と危険に晒しているのだという理屈。

たぶん、この理屈、真面目なフェミニストほど衝撃を受けたんじゃないかなと思います。差別を糾弾していた側からすれば、自分たちが誰かを差別していたかもしれない、という指摘は強烈だったはずです。

このセックスワーク論については、もっと香山さんと話したいところなんですが、私はこのセックスワーク論の新しさに衝撃を受けながら、完全にはついていけませんでした。私にとってセックスは「楽しむ」ものだという認識だったので、売買の対象になるセックスが可能になることの意味を、どう捉えていいのかわからなかったんです。

3：金銭の授受を伴う性行動を労働として捉える言葉。

一方で、若かったので、街を歩けば声をかけられるし、中には露骨に「いくらでやらせてくれる？」と聞いてくる人もいた。私の性は「売る側の性」であるならば「主体的に楽しむ」という私の欲望は、どこに消えていくんだろう、と不安でしたね。そういう不安や心許なさが、女性向けのセックスグッズ販売の仕事をすることにつながっていったんだと思いますが。

香山　でも「楽しむ」というのはあくまで支配されない、管理されないという主体的な姿勢が必要ですが、性は関係性の中で起きることだから、すごく難しいことだと思うんです。本当に女性が性を主体的に、支配されず、凌辱されずに楽しむというのは可能なんでしょうか。

北原　香山さんはどうなんですか？

香山　私もその点ちょっとわからないんです。でも「少女コミック」で描いている漫画家がインタビューで答えていたんですが、新人の漫画家に対して編集者は、「少年隊の歌を聴いて、漫画にしろ」と言うそうです。少年隊って「嵐の夜に奪いに行くぜ」みたいなニュアンスの歌もあるらしく、編集者は「女はいつも男から強引に奪われるのを待っているんだ」と。ちょうどその頃レディコミでも、セールスマンが来て、玄関で無理やり犯すとかいったシチュエーションが多かったけども、それを私たちが

「ファンタジーで楽しんでいるだけなのよ」って言っても、作品の世界を鵜呑みにするおじさんもいるかもしれないじゃないですか。

北原　なるほどー！　今の聞いて、90年代の自分に戻って言ってあげたい。レディコミ作者の性別など、実は関係なく、ただこの国に、女の欲望を描くバリエーションがなかったってことだったんですね。で、そういうのを鵜呑みにしちゃうオジサンは……どうでもいいです。

自販機エロ本というサブカルチャー文化

香山　80年代に私はモノを書くようになったんですが、はじまりは自動販売機のエロ本のライターでした。70年代後半から80年代って、いわゆる「ビニール本」、通称「ビニ本」と言われるものや、それを風俗街の自販機で販売する「自販機本」と言われるものがあって、エロ雑誌とサブカルがドッキングしたような雑誌でした。前半はわりと普通のヌードグラビアで後半は読み物ページになっていて、いろんな漫画家やコラムニストがいま思えば文化的な原稿を書いていました。誰が読んでいたのかわからないんですけど（笑）、そういう雑誌がいくつかあって、私はそういうところから仕事を始めたので、撮影現場に行ったりすることはありませんでしたが、ヌードグラビアが自分の書いた雑誌に載っていても、単純に「ああ、そういうのもある」みたいな感じで見ていました。

私は医学部の学生だったので、モノを書いていることを周りに言っていなかったんですが、たまに気づく人がいて、「え、なんでこんな雑誌に書いているの？」なんて言われると逆に、「なんでこの雑誌がいけないんですか？」とか「この人たちだって仕事でやっているんですよ」なんて言い返していました。セックスワークとヌードグラビアは一緒ではないと思いますが、そういうものを肯定するスタンスでした。むしろ性的な仕事を批判する人を批判する、ような。自分自身も倫理的なことを言ったり良心的なこと言ったりする人に「何もわかっていないんですね」とモノ申すところから始まったので、セックスワーク自体を深く考えずに肯定というか、容認しているといった立場でした。

というより、その当時、タブーに縛られない性表現は、一種の権力批判というメッセージを持っていたと思うのです。

そういう業界でモノを書いているうちに、周りにはAV監督なんかも居て、だんだん知り合いになっていきました。AV監督のカンパニー松尾さんとかバクシーシ山下さんを知り、平野勝之さんとは知り合いになっていった。彼らもいわゆるカルチャーとしてAVを撮っていた人たちだったので、撮られる側の女のことなんて考えもしないで、私も「今度の作品は面白いな」みたいなことを言っていましたね。

当時は「ハイカルチャーは素晴らしくてサブカルチャーはくだらない」っていう序列に対してすごく抵抗していたんです。ちょうどその頃、表現の自由の問題で、たとえばゴダールの映画に「男性器が映っている」ということで、それをカットするしないって騒いでいたのを「本当にくだらない」って思って見ていました。ゴダールの件も、性器が映っていることが論争になったりして、大学の教授や映画評論家が「これは表現の一部で、これをなくしたら映画の価値がなくなってしまう」とか言って擁護していたりするのに、AVになると急に「ダメ」って、なんでそんな差をつけるの？と憤っていました。

だからなんでサブカルのビニール本とか自販機本の仕事が多かったかというと、最初からメインカルチャーへのアンチテーゼとして書いているんだという気持ちがありました。工作舎という出版社から出ている『遊』という、すごく立派な装丁をしている手の込んだ文化雑誌があったんです。松岡正剛さんが編集長だったんですけど、そこにいた何人かが、「自分たちは既成の出版とか権威主義に逆らってやっていたのに、自分たちが権威の側になっている」と抵抗してそこを出て、「自分たちは偉そうな出版じゃなくて地下に潜ろう。アングラになったほうがいいじゃない」と言って、自販機本とかビニ本を自ら選んだ。

　私が関わっていたのは、最初は『Ｊａｍ』という雑誌で、その後『ＨＥＡＶＥＮ』という雑誌になったんですが、私がちょっと手伝っていた時に『ＨＥＡＶＥＮ』が話題になって、２度書店売りになったんです。でもその時も「これは書店なんかでは売らないほうがいいんじゃないか、他と同じになってしまう」みたいなことになった。今思うと、ばかばかしいんですが（笑）。

北原　真剣に議論されたんですね（笑）。

香山　そうなんです。私は出発点がそういうところだったので、ＡＶとかセックスワーカーみたいな人も周りには出入りしていたし、ストリップダンサーの人もいました。ストリップの人たちだってすごく自分の仕事に誇りを持っていて、私たちの前ではそんなハッキリとは言わなかったけど「なんでバレエとかは良くて私たちは価値が低いの?」という意識はあったと思う。私自身も、「ルノワールならヌードは良いのに、グラビアならエロって言われるの？」という感覚でした。だからとりわけ「セックスワーカーはいけない、人格を傷つける」といったような意見にはむしろすごく抵抗がありました。

北原　なるほど。私も80年代のサブカルに当然影響を受けてます。エロがカウンターカルチャーとしてのサブカルだったし、カウンターカルチャーとしてのエロっていう空気はすごくわかります。

一方で「なんで女の子向けがないんだろう」というのはずっと気になっていたんです。「男の人中心の社会に女の人が参加させてもらっている」というイメージで。香山さんはそういう中で、サブカルの紅一点的な、すごく格好いいお姉さん、というイメージでした。私、ラカン読んだの、香山さんがきっかけでしたよ。そこらの男たちよりもずっと切れ味がよくて格好いいなぁって憧れてました。

ただ、私自身はいわゆるエロといわれているもの、いわゆるカルチャーといわれているものに、「自分の居場所はない」という感覚が強かったですね。私は大学院を論文書かずに2年で辞めたんですが、辞めてすぐに男性向けのポルノ雑誌で編集のアルバイトを始めました。フェミニズムの文脈で女の子が楽しめるエロを模索したかったんですよね。

だけど、実際にAV女優のインタビューやグラビア撮影などのアシスタントをしていて気がついたのは、「エロ」業界の巨大さと、底辺とか裏の顔をしてはいるけれど、実はものすごい利益を生む巨大な産業だということ。そしてやはり男社会で、女は消費財である現実でした。ちょうどヘアヌード解禁で大騒ぎの時期に重なったのもありますが、可愛いAV女優が毎月のように出てきて、毎月山のようにAVを見るような仕事をしながら、「これだけ巨大産業に向かってフェミニストが『性の商品化反対』なんて言っても無理だよ……」と脱力したのを覚えてます。サブカルチャーやエロに「反体制」的なことを期待していたけど、むしろ体制側にうまく乗ってお商売していると思いましたね。

あらゆる転機となった宮崎勤事件

北原　香山さんは、今、「セックスワーク」に対して、どのようにお考えになっていますか？　当時から変化はありましたか？

香山　周りのAVに出ていた人の中にはどんどん病んでいった人もいたし、精神科医になって以降はその世界から離れていたんですが、しばらくしてから、「あの時は言えなかったんだけど……」って相談に来てくれる人もいました。だからその時は祝祭的なムードの中でその子たちの実人生の悩みや問題が全然見えなくなってしまっていたのが、一人一人、個に帰るといろいろな問題があって、中には薬物中毒や自殺で亡くなってしまう人も出てきた。一方で、仕事でそういう方にお会いすることも出てきて、自分が全く見てこなかったことに気づかされたりもしました。

　だから宮台さんたちが援交とかブルセラとか言い出した頃、私はそういったエロの世界はもう卒業していたという感じでした。「自己決定」だとかなんとかは、その現実を見た後だったからすごくズレた感じがしました。

北原　そうだったんですね！　今、思えば、90年代の事件や言説、その後の四半世紀にいろんな影を落としていますね。私は、1989年の宮崎勤事件[4]の衝撃の余波を、日本社会は今も受け続けているんじゃないかと思うんです。

　幼女が殺されていくのを、リアルタイムに日本社会は目の当たりにして、そして犯人に振り回され、最後には彼の自宅に積み重なるビデオテープの山という映像は、未だに私も忘れられない。殺された女の子の胃袋にたこ焼きが残っていたというディ

4：東京・埼玉連続幼女誘拐殺人事件。犯人の宮崎勤（当時26歳）は4名の女児を誘拐し殺害した。宮崎の所持品が明るみに出たことから、当時、あまり顕在化していなかった「オタク」の認知を広めることとなった。

テールや、行ったこともない誘拐現場が今も目に浮かんでしまうほどです。

そしてその後、この社会は、ロリコンの問題に深く向き合い厳しく考えていくというう方向よりは、むしろロリコンのファンタジーは商売として一般的になってしまったし、さらにサブカルは権威になったし、男のエロは不可侵な表現の自由の領域で語られるようになっていきましたよね。宮崎がきっかけだったと言ってもおかしくないほど、あれ以降「オタク」「サブカルチャー」「エロ」が一般化しましたよね。

香山　私はあの事件の後、結果的には宮崎勤を擁護する側でしたね。最初は犯人がわからなかったんですよね。憶測も飛び交っていて、子どもを産めない女なんじゃないかとか、中年男性だとかいろんな説が出ていた。

ただ私が忘れられないのが、当時、私は20代の後半で、あの年の8月、北海道の病院に勤めていたんです。当時私はブラジル音楽が好きで、小樽で珍しくブラジル音楽のコンサートがあるというので、仕事を終えてウキウキで出かけて行って、うちに帰ってきてテレビをつけたら「ニュースステーション（現・報道ステーション）」が始まっていました。そこでカメラが宮崎勤の部屋に入っていたんです。今はあり得ないと思いますけど。

北原　衝撃的な映像でした。

香山　それを見た時にすごくびっくりしてしまった。私は「私と同じオタクの部屋だ！」ってすぐに思いました。そこにある漫画本のタイトルより、ものの溢れ方、積まれ方に過剰同化してしまったんです。「これは私の部屋でもある」とか「弟の部屋でもある」とか、私が知っているオタクの人の部屋とか、いろんな人を思い出してしまった。当時、ネットはありませんでしたが、オタクバッシングというか、「こういうアニメとかゲームが犯罪を生んだ」という論調になっていったんです。それで私も宮崎擁護につながるような、ゲームやアニメ自体が悪いわけじゃないという原稿を書いたりしました。

それまではちょっとした雑誌にしか書いていなかったのが、この事件をきっかけに、太田出版から出た『Mの世代――ぼくらとミヤザキ君』（1989）という、大塚英志さんや中森明夫さんが作った本に書かせてもらったりしました。それが普通の単行本に原稿を書いた初めての経験でした。ミヤザキ君がいなかったら、みたいな感じなんですよ（笑）。その時の編集者が落合美砂さん（現同社取締役）で、「次は単著で出しませんか？」と声をかけてくれたんです。

そこに書いていた人たちは皆、宮崎を擁護というわけではありませんでしたが、「自分もアニメやゲームが好きだったけれども良い面ばかりだった」とか、「人を救っている」とか「表現の規制は許せない」といったことを主張していました。「幼女を性の対象にしたこと自体はもちろんいけないけれど」とは言いつつも、あまりそこは論点にはなっていなかったと思います。

オタク文化論争に取って代わった少女性犯罪の問題

北原　なるほど！　今、古傷がうずうずと痛み始めました。あれだけの事件が起きて、小さい女の子が、小さい女の子故に虐待され殺されたのに、そのことの衝撃以上に、文化人たちが、なぜか表現の自由について語り、オタクを責めるなと論陣を張っていく様が、怖かったですよ。そうかー、そこに香山さんがいたということは今日、気づきました（笑）。

香山　こっちは事件を他人事として論評するわけです。評論家たちも宮崎の家庭がどうだったのかというのをあの時に解説していたと思うんですが、その結果、さらに犠牲者の遺族を傷つけてしまったかもしれない。

宮崎勤は本当に不思議な人で、精神科鑑定をやって3通違う結果が出てきてしまった。統合失調症の初期だという鑑定と、解離性同一性障害いわゆる多重人格という鑑定、それからパーソナリティ障害で重篤な精神障害ではないという鑑定が出てきた。この裏には精神科医の派閥闘争があったとも言われています。解離性同一性障害という派閥と、パーソナリティ障害のレベルだという派閥が同じ鑑定人のグループだったんですが、どうしても一緒の鑑定書は出せないということで、2通出たんです。あり得ない事態です。学問的な論争にもなってしまった。

だけど、『創』編集長の篠田博之さんを通して伝え聞く宮崎像は、すごく空虚な人で、この人のどこに精神医学界までを分裂させて、世間をここまで騒がせるような力があったのかなとむしろ驚くくらいです。何の自覚もなさそうなんですよ、ボ〜ッとしている感じで。

北原　だけど、いろんなものを壊した。

香山　そう、家庭を壊し、精神医学を壊し、もちろん幼い子どもの命を奪い。

北原　壊しただけじゃなく、ある意味、いろんなものを生んだ側面もあるんですよね。

香山　そう、私をデビューさせ、みたいな（笑）。

北原　そう。オタクの市民権を獲得し、秋葉原をつくり、萌え文化をつくり、幼女性愛をファンタジーとして肯定する文化を生み、ひいてはクールジャパンで経済効果を生み……時代や社会のシンボルになってしまった。

香山　とてもそんな人とは思えない空虚さがある。用意周到にやって、たまたまうまくいったということなんだと思うんです。

北原　空虚だからこそ、なのかもですよね。あの時の、紙袋を持ってオタクのフリをしているみたいなのは、宅八郎さんでしたっけ？　あれは事件の後でしょうか？

香山　宅八郎さんともサブカル雑誌でよく仕事しましたが、それは事件の前だったと思います。

北原　宮崎事件の後にブレイクして、「オタク評論家」になったんでしたっけ。

香山　そうじゃないですかね。宮崎自体が本当にオタクだったのか、それともそう演じていただけなのかも、よくわかりませんが。

北原　でもオタクって認識されましたよね。そういえば私はいつ「オタク」という言葉を知ったのかなぁ。

香山　「オタク」という概念と用語をめぐっては、大塚英志さんと中森明夫さんとの間で長い論争もありましたよね。どちらもサブカル誌を主宰し、「オタク」の生みの親と言われている人ですが。

北原　そうですか。あの時にサブカルとか文化人が、「これはゲームとかアニメの問題じゃない」って肯定することで、オタクの価値が上がった側面はあるんですよね。

犯罪の背景よりも少女たちの痛みに目を向けて

北原　私は東京のベッドタウンで育ったので、事件の起きた入間《いるま》の光景は、どこか既視感がありました。

香山　宮崎が捕まる前に、ルポライターの故・朝倉喬司さんがすごく象徴的な書き方で「入間川の向こうは暗い場所で、川のこっちは明るいネオンが見える」と書いていたのをすごくよく覚えています。岡崎京子の『リバーズ・エッジ』（宝島社　1994）の世界ですよね。宮台さんがよく「国道16号線の問題」なんて言っていて、あのあたりにAV嬢とか援交している人も多いと言っていましたが、ああいう郊外と東京の狭間みたいな場所で起きる何かがあることを感じました。

北原　まさに私は、国道16号線沿いの子どもですよ。

香山　あ、そうなんですか？

北原　同じような世代の同じようなサラリーマン家庭で東京に働きに行っているお父さんと、専業主婦のお母さんに育てられて、部屋にはビデオがたくさんある、みたいな、宮崎勤のああいう部屋は私の知り合いの男の子の部屋でもある。だからあの感じはわからないわけじゃない。でも感情移入してしまうのは女の子のほうで、「こんな事件、あり得ない」「なんでこんな女の子が犠牲になるような事件が起きるのか」ということで頭いっぱいでした。

同じ年に女子高生コンクリート詰め事件も起きましたね。あれは、犯人が私と同じ年だったんです。同世代の男が性暴力加害者になる、そのことに衝撃を受けました。だけど、あの時も、なぜ女性がターゲットにならなければいけないのか、という視点での報道はなく、そもそも「女は被害者になるリスクを負っている性なのだ」ということをニュースによって突きつけられるだけ。いったい男の性の問題を、誰が考えてくれるんだよっ！　って、ますます私の中のフェミ化が深まりましたよね。

香山　たしかに当時、「時代が生んだ犯罪」というひとつの解説の手法があったと思います。あさま山荘事件とか連合赤軍もそうだと思うんですが、時代が生んだ象徴としての犯罪という考え方ですね。たとえば宮崎勤事件にしても、オタク文化だけじゃなくて、郊外の問題とか教育の問題とか、いろんな複合的な時代の抱えた問題がこの事件を生んだとか。

北原　もちろん、事件というのは時代の文脈があると思います。綾瀬の女子高生コンクリート詰め事件では、膣の中に花火を入れたり、ライターで焦がしたりなど、女性の体をそのように実験道具のようにして男同士で「遊ぶ」感覚にショックを受けたけれど、そしてその背景を時代から読み解くのは決して間違ったことではないんでしょうが、「でもなんで女子高生だったんだろう」「なんで女の子がターゲットになるんだろう」っていう視点できちんと怒り続けたのは、やっぱりフェミニストの人たちだけだったと思います。

香山　たしかにそうかもしれないですね。私はむしろ、これを生んだ時代背景とは、と解説者の視点に立ってしまった。

北原　フェミニストの集会に行くと、樋口恵子さんや、2年前に亡くなられましたが宮淑子さんが激しく怒っていました。それを見て、私は「ああ、やっぱりこれ、こうやって怒ることなんだ」って思えた。女性への性暴力に、もっと声あげて、もっと怒らなくちゃと思えた。たしか、その年に「セクハラ」という言葉が流行語になりました。私はその時、怒ってくれている人たちがいることに安心したんです。こんな事件に対しては、気が狂わんばかりに怒ることが正しい姿だと思えたんですね。

援助交際と東電ＯＬ

北原　90年代の「援助交際」は、香山さんはどう捉えていたんですか？　理解できない感じでしたか？

香山　理解できないことはもちろんないですよ。ただ、これは今だから言えることですが、あの頃はある意味ちょっと羨ましかったです。

北原　え!?

香山　自分の性をそこまで対象化できているようなところが。

北原　ああ、「対象化」しているって捉えたんですね。「援交」が流行語になったのは90年代後半ですが、97年に東電ＯＬ事件[5]がありましたね。香山さんは、東電ＯＬはどのように捉えられたんですか。

香山　中村うさぎさんなんかも同じかもしれませんが、東電ＯＬ事件には過剰に共感

5：1997年、アパートの一室で当時39歳の東京電力女性社員が遺体として見つかった事件。女性初の総合職として東京電力というエリート企業に入社した女性が退勤後、渋谷区円山の路上で客を引き、売春を行っていたということが明らかになったことで波紋を呼んだ。

してしまいました。たとえば「香山リカ（女）」って書かなくても通用するようにしなきゃいけないってずっと思ってやってきたけど、30代になって本も書くようになってくるとますます、「この本を読んでくれている読者が何かの時に駆けつけてくれるわけではない」とかそういう考えに陥ってしまって。贅沢な話なんですが、「もし本が5万部売れたとしたら、5万人は本を読んでくれていても、私を選んでくれる一人の人はいない」みたいな、そういう考えになってしまった。

北原　え!?

香山　2001年に、ノンフィクション作家の井田真木子さんが亡くなってお葬式に行った時、祭壇に井田さんがこれまでに出した本が十数冊置かれていたんです。「こんなに本を残してすごいね」と思った人もいると思うんですが、私は「この十数冊なんて、燃やせば2分だ」って思ってしまった。

北原　えええ!?

香山　「これしか残らないんだ」って思ってしまって。井田さんってご兄弟がいらっしゃらなかったのか、お葬式自体に小さな子どもがいなかったんです。お葬式って親戚の子どもが「ワー！」って走り回って、大人が「静かにしなさい！」って注意しながらも、そういうことが微笑ましくて救いだったりする。でも井田さんのお葬式は老いたご両親が打ちひしがれていて、次世代に託すものはなかった。もちろん本の読者とか、井田さんの遺伝子を残されたライターはいると思うんですが、その場面を見た時に、子どももいなくて、たまたまかもしれないけど棺にすがって泣いてくれるパートナーもいなくて、即物的に「私もこうなるんだ。私の人生は無意味だ」と思ってしまった。

北原　仕事か家庭か、というような二者選択しかないような錯覚なんでしょうか。正直に言えば、私は東電ＯＬは全く理解できないんです。むしろ東電ＯＬに感情移入するお姉さんたちが多いことに、衝撃を受けました。私は当時20代でしたが、私がこれから生きていこうとする社会って、そんな地獄なのかよって、怖かったです。

上は東電ＯＬ、そして下は「援助交際」の女の子たち。性を巡る事件にぶんぶん振り回されるような気分でしたが、私、東電ＯＬの事件があった97年に、本格的にフェミニズムの視点でバイブを売り始めていくんです。もう、本当に自由になりたかったんです。男に殺されたくないし、自分の欲望は守りたいし、そのために、安全な場所が欲しかったんです。

宮台真司氏の罪

香山　「援交」という言葉が出てきたのはいつでしたっけ？

北原　96年に流行語大賞に入っていました。

香山　宮台さんの『サブカルチャー神話解体』（PARCO出版、増補版ちくま文庫2007）が93年です。『〈性の自己決定〉原論』（紀伊國屋書店）が98年だから、ちょうどその間くらいですね。

北原　この頃、性売買の問題が大きくメディアに出てきましたね。「性の自己決定」って宮台さんが言い出したのかと思ったら、『売る売らないはワタシが決める』（ポット出版2000）という本の中で、宮台さんが「上野さんが援助交際の新しさは性の自己決定だと言うんだけども、それは違うんです」と言っている。上野さんは買春者は批判しつつも、10代女性の性的自己決定は家父長制への強烈なアンチテーゼになるというようなことをおっしゃっていて、それに対し宮台さんは「援助交際の新しさは自己決定する子どもたちの新しさではなく、プロじゃないということなんですよ」と断言してるんですよね。

香山　へえ！　自己決定至上主義ですね。決定する自己とは何か、と問わないのが社会学なのかな。心理学と全然違う。

北原　「だから売る買うが素人というのは、ものすごいことが起きてるんです」というロジックで「これは新しい時代だ」みたいに論じていました。

香山　肯定的に言ってるんですか？

北原　はい。

香山　宮台さんが『サブカルチャー神話解体』を文庫にする時に、『底を探さない』がゆえに泥沼の再帰性に陥らない実存形式を見出したのがブルセラ&援交的なコミュニケーション」って書いてあったんです。

北原　そう、コミュニケーションなんですよね、宮台さんたち、当時の男性言論人がおっしゃっていたのって。だから、コミュニケーションを女性と取れない男の被害者性が注目されたりもした。

香山　ああ、たしかに。あの頃、「カワイイは最強」という雰囲気で女子のほうがずっと輝いていてパワフルというイメージがあったし。

北原　「性的弱者」という言葉が出てきたのも、この頃でした。風俗やＡＶが、性的弱者男性の救済システムであるかのようなこと、明確に言われ始めたのも00年代から。もはやエロはサブカルというよりは、社会に不可欠な制度のように。

香山　そうなんですね。宮台さんはご自分の総括で、『終わりなき日常を生きろ――オウム完全克服マニュアル』（筑摩書房　１９９５）という著書の中で、「そこを探すな、浮遊して生きろ。オウムはじきに廃れ、ブルセラが残る」と書いている。そういうのを『まったり革命』と称して提示した」とあります。

　つまり、オウム的な「自分探し」とか「自分の本当の名前を求める」といった「そこを探す」ということにとらわれずに、ブルセラ的に自分の下着やブルマーを売ったり、援助交際でセックスしたりというふうに浮遊して生きる生き方がひとつの解決策だ、と当時宮台さんは言っていたんですね。

北原　それが当時はすごく新しいものだと受け取られていたんですよね。

香山　そうです。ただ当時、オウム事件があって、私もテレビにコメンテーターとして呼ばれたりしていました。そこで親しくなった有田芳生さんを通じて、当時風俗で働いている若い女性たちの話を聞くようになった。中には崩壊家庭で育ったような子もいましたが、わりと気軽に美容整形の費用稼ぎに風俗をやっているような子も結構いたんです。ただその子たちと深い話になっていく中で、宮台さんがいう「浮遊して生きる」みたいに軽やかに風俗という選択をしているわけじゃないことはわかっていました。

これも当時よく話題になりましたが、97年に河合隼雄さんが雑誌『世界』3月号の『「援助交際」というムーブメント」という論文の中で、『援助交際』は心にも体にも悪くない。しかしそれはたましいを著しく傷つけるのだ」と書きました。

北原 大きな波紋を呼んだ。

香山 当時笑われていたんだけど、これも未だにいろいろ取り沙汰されています。

北原 当時の高校生たちは今30代後半ですが、その世代の女性たちに話を聞くと、やっぱり香山さんがおっしゃったような、過酷な時代の入り口に立たされてたんだなって思いますよね。街に立っていると「いくら?」っておじさんに聞かれたりするのは、「やっぱり単純にキモかったです」と。

でも当時、そのキモさを表現する言葉はなくて、「遊ぶ金欲しさ」だとか、「おじさんと女の子たちの需要と供給が合っている」という物語がどんどん作られていって、その物語に当てはめられる違和感があった。彼女たちは言葉も奪われて、宮台さんをはじめとした大人の文化人によって性の物語が作られていくことの怖さをすごく感じていたんだと思いました。

フェミニズムを批判するセックスワーカー論者

香山　80年代の話に少し戻りますが、「愛人バンク」という言い方にはまだ日陰的な感じがあったんでしょうか。

北原　80年代初頭に出てきた「愛人バンク　夕暮れ族」[6]ですね。でもこの問題って継続していますよね。「こんなに可愛い普通の家の子がパンツ脱いでます」というだけで、週刊誌とかメディアとか、男の人たちにとってはとても面白いネタだったんでしょう。でも当の女の子たちが「辛いです」なんて週刊誌に言うわけなく、言ったとしても書かれるわけもない。当事者女性たちの物語は抜け落ちていますよね。

少女売春買春は決して90年代のエンコー（援助交際）から始まったわけじゃない。ただ、今、女性と子どもの深刻な貧困問題の中で、女性の性が搾取されているのは社会問題として可視化されてきたんですね。

6：事務所は銀座にあり、富裕層で社会的ステイタスのある男性と、19、20歳くらいの若く、お金がほしい素人の女性が登録して、マッチングを図るというもの。

香山　90年代の終わりに、瀬地山角さんたちが盛んに「性的自己決定」とか「売る権利はワタシにある」といったことを言っていましたが、それが2000年代にはもう市民権を得たから落ち着いたんでしょうか。

北原　どうなんでしょう。ただ、ありとあらゆるものが商品となる資本主義の中で、ではなぜ性の商品化はダメなのか、「性＝人格」とは本当か、性から特権性がなくなった時にこそ私たちは本当に自由な性を生きられるのではないか、性売買を批判することがむしろ、性売買に従事する女性への偏見と差別を深めているのではないか……など、性売買を巡る言説は複雑に深まっていきましたよね。

香山　そうですよね。同じ頃に「主婦の労働をお金にしたらいくらになるか」という議論が沸き起こってきました。シャドウワーク[7]を可視化して、ちゃんとお金に換算して、当たり前のことをきちんと評価していこうという流れですね。だからその延長としての性労働も、ひとつの労働として確立すべきだという考えもあったかもしれないですね。

北原　並べて考えたことなかったです。既にセックスには値段はついていた、値札があることに、フェミニズムは異を唱えていたと思います。セックスは義務でも労働でもない、というのがフェミニズムが主張してきたことでした。

7：家事労働のように、生活に不可欠でありながら対価の支払われない労働のことをさす。

香山　女性ができることを女性自身で主体的にハンドリングして、それを商品化していくという視点です。ひとつには、いわゆる売春婦と言われてずっと蔑まれてきた人たちの権利回復というのは、一度は必要だったからだと思うんです。

北原　93年に『セックスワーク――性産業に携わる女性たちの声』（パンドラ）が出版された時は、衝撃でしたね。アメリカの性産業に関わる当事者の女性たちの声を集めた一冊で、アメリカでは89年に出版されています。それまで、性売買に関わる女性たちは、被害者であり支援が必要な対象と考えられていたけれど、この本では当事者が、自分たちに必要なのは敬意だ、と自ら声をあげました。これは性売買論に、とても影響を与えた本だと思います。

でも、今、読みかえすとわかるのだけど、80年代のアメリカで書かれた本を、そのまま90年代の日本にスライドすることは当然無理があるんです。

アメリカは州によりますが、基本的に売春者に非常に厳しい社会です。『セックスワーク』を読むと、ヒモの男から、また警察からも、暴力と搾取と死の恐怖に晒されながら働いているのがわかります。そして多くが、有色人種の女性で、もちろん貧困がその背景にある。売春婦を蔑むピューリタン的まなざしの中で、自分たちの権利と尊厳を求めるという、生きるための人権運動としての闘いが、アメリカで生まれたセックスワーカー論です。

セックスワーカー論も当然、フェミニズムの文脈で生まれたものです。たとえば、それまでのフェミニズムが「性売買は良くない」「性の商品化は女性差別だ」と社会に向かって抗議し、女性たちには「あなたを守る」と闘ってきた母だとすれば、セックスワーカー論は、「私が決断したことを尊重してくれ」というフェミニズムの娘の叫びだったと思うんです。娘に「うざい」と言われて母親はうろたえるんですよね。でもうろたえながらも、なぜ娘はこれほど私を憎むのか、という点からフェミニズムも90年代に性売買についていては、ずいぶん議論を深めていきました。でも、母娘はすれ違う。だけれど、どちらの言い分だって、女の本音、女の痛みだと思うんです。あの時の『セックスワーク』に、私自身、非常に影響を受けました。

香山　『モア・リポート』が出て、女性も自ら快楽を求めていいんだ、女性も性を愉しむことを主体的に求めていいんだというふうになったのは、実はこの長い人類の歴史の中ですごく最近ですよね？　これはまさに北原さんがやっていらっしゃる分野だと思うんですが。

北原　どうなんでしょう。最近まで女に性欲などない、または女の性欲を目覚めさせるのは男、みたいなこと平気で言われてましたけどね。だけど、セックスワーク論とは女が主体性を取り戻すという話に一見見えるけれど、日本で展開されていったその後の「性的自己決定論」には、違和感しか持ちませんでした。声でかく主張するのが当事者ではなく、宮台真司さんや、瀬地山角さんをはじめ圧倒的に男性論者が多かったことも、ひとつの原因です。

香山　今のネトウヨみたいな人たちの議論と似ているのかもしれませんが、あまり言いすぎると「誇りを持って働いているのに否定するのか」「彼女たちの仕事を奪うのか」とか、議論がそっちにいってしまいかねない。

北原　全くその通りですよね。「性売買は良くない」と言うと、「規制することが危険に晒しているんだ」「スティグマを深めているんだ」とかテンプレートの切り返しの言葉があるから。

香山　「そうすると地下に潜るだけだ」「危険が増す」とかね。

北原　そうそう。それは性表現についても同様で、たとえばAVの暴力表現を批判しようものなら、今度は「表現の自由」の人たちから「表現の自由を規制するのか」「AV女優を貶めるのか」という話になる。そういった批判の担保になるのは、女性の自己決定や表現の自由といった、一見リベラルな価値観です。

でもようやく最近、実はこういった性売買制度の中で、女性たちがどれだけ被害に遭っているかということを、被害を受けた当事者たちが語り出しましたよね。私自身、セックスワーク論からは距離を置いていたけれど、このような状況に、フェミニストとして正面から関わらないわけにはいかないと考えるようになりました。

特に2013年の橋下徹さんの「慰安婦は必要だった」「性風俗を活用してください」という発言は[8]、決定的でした。橋下さんと私は同世代なんです。同世代の男性が政治家になって、公にこんなことを言える日本の現実に怒りがわきました。

香山　もともとは人権問題として「セックスワーカーの人権」が取り沙汰されてきたのが、今になって歴史修正主義的な慰安婦肯定派の人たちに「セックスワーカーの人権」という言葉を逆利用されている気がします。「慰安婦だって自己決定して仕事を選んだ」なんて言って、歴史修正主義の主張と結託させられてしまう側面がある。

北原　そうなんです。血反吐を吐きながら丁寧に積み重ねてきた「人権」という言葉が、軽々と盗まれて語られてしまう。でもこの卑怯と戦うほど難しいことはない。

香山　いま言論の世界って、すごく戦略的に言葉を発しなくてはいけなくなってきていて、こちらは誰かの権利のために答えたことに、保守とかネトウヨとか歴史修正主義者が群がってきて、「そうですよね！　皆に人権ありますよね。ヘイトしている人にも人権ありますよね」なんて言ってくることもある。

8：2013年にあった大阪市役所でのぶらさがり取材で、「村山談話についてどう思うか」という質問に対して発言し、物議をかもす。

北原　人権がない人なんていないですからね（笑）。

香山　たとえば沖縄の基地推進派が近寄って来て、「米軍の兵士にも人権はありますよ」って、別の神輿に担がれる危険性だってある。だから今は言葉を発するのが難しいんです。

北原　難しいし、私は怖くなってきています。以前はツイッターも気軽に打っていたんですが、今は躊躇してしまう。これはどういう影響を与えるのだろうかとか。

香山　そうなんですよ。個人の私的つぶやきでありながら、公式見解にとられかねませんからね。

上野千鶴子氏への戸惑い

香山　2017年2月11日付東京新聞で話題になった、上野千鶴子さんの「日本人は多文化共生に耐えられないから移民を受け入れるのは無理。平等に貧しくなろう」という発言[9]にしても、批判されても上野さんは堂々としたもので「何がおかしかっ

9：人口増が望めないなか、安倍首相の「人口1億人規模の維持」などを目標としていることに対して、少子高齢化の状況下で、たとえ移民を受け入れたとしても日本人は共生には耐えられないだろうとし、それならば現状を受け入れておしなべて貧しくなり社会民主主義的なものを目指せばいいという旨の発言をした。

た？」という感じでしたね。

北原　移民を受け入れ経済を発展させ安全を手放すか、受け入れずにそこそこの経済で安全な社会を選ぶのか、というネトウヨが喜びそうな乱暴な二項対立の理論を作って、「じゃあどっちを選ぶんですか。政治的で現実的な選択肢ですよ」と、ふっかける。でも、そもそもその二項対立は、正解なのか？　という問題がありますよね。上野さんは、そういう乱暴な二項対立をあえて打ち出して議論を単純化して勝つ、という方法でフェミニズムを盛り上げてきた方なので、フェミニストとしては見慣れた光景でした。でも今回、移民と貧困と、敵に回したものは大きかった。

もちろん私自身、上野さんのような「勝つ」フェミニズムを格好良いと思った時期もあったし、乱暴であっても男に勝つ女の姿を清々しく思いましたし、そういう強さが必要だと思っていました。10代の頃から上野フェミには影響を受けています。だからこそ今、私自身のフェミを振り返るつもりで、なぜ上野さんのフェミニズムは日本で受けてきたのか、ということも考えたいと思ってるんですよね。

今回、上野さんに学ばれた学者の方々が皆一様に沈黙していますね。ただ一人、北田暁大さんが「脱成長派は優し気な仮面を被ったトランピアンである――上野千鶴子氏の『移民論』と日本特殊性論の左派的転用」（「ＳＹＮＯＤＯＳ」２０１７年2月21日）で、誠実に批判されていましたね。

香山　だけどそういった北田さんの批判も気をつけないと、ネトウヨなんかは「リベラルが分裂している」と言って喜ぶんですよ。たとえば「上野と北原みのりが喧嘩してるぜ！」みたいな。そういう種にされるのはやっぱり嫌です。

北原　そう思って、私も今まで上野さん批判は避けていましたけど、でもむしろ「リベラルだから分裂できる」って思ったほうがいいんじゃないのかなって。

香山　ああ、なるほど。

北原　リベラルだから、意味のない応援の旗を振らないでいい。そこはもう覚悟決めたほうがいいんじゃないのかなと思ったんです。戦略を考えて生きて行くと、言葉がどんどん不自由になるから。

香山　そうですね。私もヘイトスピーチへのカウンターの人たちに関わっていてわかったのですが、彼らの周辺には虎視眈々と分裂とか足の引っ張り合いを狙っている人たちがいる（笑）。ネットの世界でちょっとでも「あのカウンターの彼、怖いよね～」なんて言うと、「香山さん、応援してますよ！」なんて言って寝返りそうな人を探している人たちがやってくる。何人も暗黒面に堕ちて、あっち側に連れて行かれました。「カウンターに飽き飽きしている方、お待ちしています」みたいなことをあからさまに言っている人もいて、呼び寄せると「◯◯さんはどこに勤めているの？」って個人情報を聞き出したりする。そうして身元をバラして喜ぶみたいことを繰り返していますよ。

北原　実は私、リベラルな人たちが「パヨク」[10]とか（揶揄して）言われるのも、ある面では、仕方ないよな……と思ってしまいます（笑）。

香山　どうしてですか？　そう言う人は「敵認定」です（笑）。

北原　醜い戦略なんかを考えているうちに、やりたいことが見えなくなって暗黒に行ってしまうような点や、あとやはりなんだかんだいって、ジェンダー感覚にセンシティブな男性が少なすぎるから、セクハラ問題など運動の中で繰り返してるのを見ていると、残念だけれどもっとしっかりしなくちゃねって思いますよ。

性売買をする女性は尊厳を奪われて当然？

香山　私の世代はまだまだ親の世代の倫理とか道徳が強くて、当時は髪の毛を染めた

10：2015年に流行したネット用語で、「レイシストをしばき隊」（現C.R.A.C.）界隈を表すときに使われる。

だけでも「不良」と言われていた時代だったから、そこから解放されるのが「新しい」という意識の中で、性に関しても、親の世代の「結婚するまでは処女で」という価値観に対するアンチテーゼがありました。

北原　私はそのような処女への価値観はなく、むしろ不公平だ、という怒りが、今の仕事を始めた原点だと思います。レイプは絶対に嫌だと怒ることと、セックスが好きだというのは当然、一人の女の中に成立する。この違いを説明するのがこんなに難しい社会って何だよって怒り続けてます。

香山　沖縄で虐待、貧困にあえぎ、若くして結婚してDVに遭ったり、キャバクラで働いたりしている少女たちの聞き取りをしている上間陽子さんの『裸足で逃げる』（太田出版２０１７）はどう思われますか。

北原　少女たちを具体的に支援されてきた方が、今彼女たちが置かれている現実に向き合った、貴重な本だと思います。「好きで売っている」「自己決定だ」などというのんきな性的自己決定論や、経済として発展させてきた性産業で食い物にされているのは、やっぱりいちばん弱い立場の女の子たちだったということが、当事者や支援者の声から明らかになっていきましたよね。

買う側からすれば対等な取引で、お金とセックスの単純交換かもしれない。それに日本は男性が安全に買える制度を江戸幕府以降、500年にわたって発展させてきたわけなので、「文化」や「歴史」として性売買は社会に定着しています。だいたい男性ってよく、売春は最古の職業だからなくならないよ、みたいなこと、平気でいいますよね。

香山　「聖書にも書いてある」とかね（笑）。

北原　いきなり遠くて、わかんないよ！（笑）。

香山　それ、もう「日本が好きなら『古事記』を読め」みたいな感じですよね。

北原　そうそう（笑）。その時代についてのリアリティがないから、それを根拠に今を語られると全然わからなくて。でも日本の近代において、女性がどんな性を生きてきたのかは考えて語らないとダメだし、それはアメリカとも中国とも韓国とも違う。性文化を考えるには、特に日本はローカルな視線が必要だと思う。男の本能とか、人類の歴史とか、いきなり大きく語るべきじゃない。

香山　たしかにそうですね。街中を走っている高級バイトのトラックの広告、あれも全て性風俗なんですよね。

北原　あんなの、世界のどこにもないですよ。

香山　そうでしょう。高収入バイトというとても明るいイメージでやっているけど、すごいことですよ。

北原　あれが許される社会って何だろう。それがどうやって許されてきて、いま私たちは何とも思わないようになったのかを知りたいです。そういう環境として性売買が肯定され続けている日本で、一見リベラルな性の労働権や、ＡＶの表現の自由という議論だけでは、今起きている人権侵害の現実に追いつかないです。

香山　たとえば今、コスプレイヤーの女性たちもたくさんいます。肌を露出して「私は好きで格好良いと思ってやっています」というのは良いんだけど、そういう強気な態度をとればとるほど、結局は男の人に性の対象にされて、そのうち撮影会だなんだと声がかかって、お金を貰うようになっていったりする。彼女たちはそれを被害とは捉えていなくて、自分たちがコスプレ文化を確立して楽しんでいると思っているんだけど、私、そう捉えていいのかなっていつも悩むんです。

北原　そこ、難しいですよね。ちょうどメイドカフェが流行り始めた時にアルバイトしていた子の話ですが、最初はギャルがメイドをやって「キモいオヤジ」にお茶を出す感覚でいたのが、世に広まるうちにだんだんマジにメイドになりたいオタクの女の子たちが応募してくるようになったそうです。高い時給の代わりに「キモいオヤジ」に仕方なくお茶を出しているギャルと、マジにメイドになりたくて、頑張るオタクの女の子たちとの溝が深まってしまった時期があるそうなんです。

香山　へえ、面白いですね。

北原　メイドへの欲望ビジネスが、メイドになりたい欲望も育てるんですよね。

香山　「自分の欲望だ」と思っていることは、本当はあなたの欲望じゃなくて、「欲望されている」だけだって解釈して良いのか、ということなんですけど。

北原　性的にモノ化、商品化される欲望もあると思います。だって、そういう社会だし、そのように欲望を文化的に学ぶのは当然ありますよね。

香山　岡崎京子の漫画『私は貴兄《あなた》のオモチャなの』（祥伝社 1995）ですね。

北原　そうです。それは欲望としてたしかにあるだろうし、そんなことで「あなた間違っている！」と言うつもりもありません。でも、女の子の欲望って、男の暴力やシステムに巻き込まれやすいし、利用するのにこんなに都合のいいものはない。被害に遭う女性が出ないために何をしていったらいいのかは考えたいです。

たとえば、上野千鶴子さんは『女ぎらい』（紀伊國屋書店 2016）の中で、ご自身はフェミニストの中では少数派の表現の自由主義派だ、とおっしゃっています。それはなぜかというと、「人の欲望は取り締まれないから」だと。性暴力表現に対して抗議している人たちが、まるで他人の内心の自由を奪おうとしている人としてレッテルを貼られている。

でも、欲望の文脈だけで語ると抜け落ちるものが大きいと思うんです。たとえば「129センチ、37キロ」といった女の子のサイズがAVのタイトルになり、ランドセルを背負った裸の女性のセックスシーンが娯楽として流通する現実があります。そのような欲望を社会が「表現の自由」一点で肯定することで、損なわれる、または犠牲になっているものは何かを考えてるのがフェミニストだと思いたいんですよね。

「129センチ、37キロ」の下に何が書いてあるかというと、「18歳」とか年齢が書いてあるんですよね。つまり、「これは合法ですよ」という暗号として、ファンタジーとしてのロリコン。もちろん、129センチ、37キロの小学生が実際にAVに出ているわけではありません。こういう作品が秋葉原行くと、1階でアイドルグッズ売っているような普通に入れる路面店で売られていたりする。

香山　そこは、じゃあ16歳はどうか、16歳2カ月はどうかというとできないんですが、もしかしたら機械的に線引きしなきゃいけないこともありますよね。

北原　児童虐待を娯楽にして良いのかとか、流通させて良いのかという、社会の倫理と人権意識の問題だと思うんですよね。そもそもその欲望が欲望として肯定されていること事態に危機感や恐怖、痛みに苦しんでいる人がいる。表現の自由一点で肯定できるような話じゃないと思います。

香山　そうですね。

セックスワーカーの心理的乖離

北原　こういったことは、さっきおっしゃったような、街中を「高収入ありますよ」って大型車で走り回る広告と、私は連続していることだと思っています。日本のエロ文化、やはり特異ですよ。「なんでこんな社会なの？」ということをすごく知りたいんです。いや、知りたいというより、「考えろよ、男」というか。

香山　たしかに。

北原　90年代に性的自己決定を持ち上げたり、エロをサブカルとして盛り上げ続けてきた言論人の責任もありますよね。

香山　宮台さんって、たしかクリスチャンなんですよね。奥さんがカトリックで、ご本人も結婚するにあたって洗礼を受けたことを公言しているみたいです。

北原　90年代から聖書の話は結構していますね。

香山　宮台さんは、良い意味でもそうでない意味でもとても純粋で素直な方で、超越的な存在や理論体系をとことん学び、心配なさりやすいほうなんだと思います。その後も天皇制にハマったり、『サイファ　覚醒せよ！』（速水由紀子との共著・筑摩書房2000）ではオカルト的な方向に行ったり。だから、本当は誤解を怖れずに言うと、オウムなどの完結した教えに行きたいような人で、必死でカルトに行かないような理論の装置をいろいろ自分で作ってらっしゃるんじゃないのかなという気がします。

北原　なるほど。本当はオウムに行きたかったけれど浮遊してると。

香山　だから今はカトリックの信仰を得ているなら、良かったとは思う。いちばん無難なところに回収されて。本当は対象はなんでもいいんじゃないかなという気がします。

北原　宮台さんには、当事者性がないんですよね。たとえば、90年代のセックスワーク論のシンポジウムで、会場にいた女性が「セックスワーカーの女性を差別するわけではないですが、自分の感覚では100人男性がいたら、セックスしても良いなと思える人が一人くらいしかいません。あとは気持ち悪いと思ってしまうんですが、セックスワーカーの人はそういう感覚はどうしているんですか？」と質問した時に、「そんな個人的な感覚なんて関係ない」って宮台さんが切り捨てるシーンがあったんです。「個人的な感覚と、売春っていう制度は全く話が違うんです」と。ああ、この人には肉体がなくて観念の性売買なんだな、と理解しました。だからあそこまで楽しげに語れる。

でもそこでAV女優で物書きの南智子さんが、「いや、今の質問は売春をどう捉えるかということとすごく結びついています。そういうことって人によって感覚が違うんです。その感覚の違いを共有できない人が売春婦を差別しているんだと思う」とおっしゃった。この人は、差別される側の痛みを当事者として訴えてらっしゃるんです。

香山　あの頃、村上龍が『ラブ&ポップ　トパーズⅡ』（幻冬舎　1996）という小説を書いて、その中でトパーズの指輪を欲しがる女の子が、無理やり援交するんです。だけど、してみると耐えられなくて、自分は天井にいて自分を見下ろすという心理的乖離のような現象が起きる。「これは私じゃないの」みたいな感じ。それってすごくリアルな感覚なんだろうなと感じて、村上龍さんは少女の気持ちをよく理解しているなと思ったんです。

私が知っている風俗業の女性もそうだったんですが、自分がその時にやっていたことを書くことで自分を対象化するという、天井の視点みたいなことをしないと生き延びていけない感じだと思うんです。そういうことをしながら、「これは私じゃないの」と言っている。でも実際には自分の身体が感じたりする感覚があるわけです。胃カメラを受けながら、「私は仕事でやっているの」と思おうとしたって、何とも感じないわけがない。痛いとか、怖いとか。

北原　そうなんですよね。

香山　でも本当に胃カメラと同じなのかというと、胃カメラはまだ胃の検査のためだという目的がありますが、性的なことって本来は愛する男女で行う、本当に快感を得ることが目的であって、飲食店の厨房で洗いものをして賃金を得ることとは違うと思います。それを無理やり一緒くたにされると、何かを見ないようにしているように感じます。

東南アジアで女を買う男の心理

北原　買春する男の人は何が楽しいんだろうってすごく思うんです。私自身は90年代に〝風俗〟とはどういうものなのかを自分の中で論を整理したいというのがあって、セックスワーカーの男性や女性たちの話を聞くうちに、「自分も買春してみよう」と、男性を呼んだことがありました。ホストクラブに行ったりとか「買う側」を無理やり体験して何か見えてくるものがないかしら、と思っていたけれど、結局、私には楽しみ方がわからなかった。初対面の人が苦手なだけなのかもしれないけど、女は売るにしても買うにしても、性感染症や妊娠の心配や、暴力の心配などと無縁じゃないんだなぁと思うと、気軽に買える男の気持ちがますますわからなくなりました。

　買春した男の人の話って、あまり出てきませんよね。買春した男たちの語りがないから、実際にどういう気持ちでやっているのかよくわからないですが。

香山　飲み会でよく、隣の席のサラリーマンみたいなおっちゃんたちが「こないだソープランドに行ったら出てきたソープ嬢がこういう子で、俺はこうしてやったけど～」とか自慢していることはありますよね。

北原　そういうことが当たり前の環境としてあるから、考えなくやっているとは思いますが、男性自身、自分たちの需要の本質をなんだと思っているのかな。

香山　中には本当に相手を好きになってしまって、ストーカーみたいになる人もいるじゃないですか。

北原　そういうこともあるとは思いますが、基本は「虚しくなった」とか、終わった後、いきなり女の子に説教したり、「いつまで働くのか？」「なぜ働くのか？」とか尋問する男の人は多いって、風俗で働いている女性は言いますね。

香山　ああ、「こんなところで働いていちゃいけない」とかね。

北原　そうそう、射精して急に目が覚めるみたいな人。

70年代に、松井やよりさんが買春する男たちに行ったアンケート調査があります。それがすごく面白い。団地に行ってアンケートを配ったり、会社に行って手書きで書いてもらったりしているんです。70年代って、企業が組織単位で買春をすすめたり、接待として当たり前のようにあったり、キーセン観光[11]など海外への買春ツアーが問題になったり、男性自身、本当にそれが自分の欲望かどうかと考える以前に、組織人と

11：かつて日本人などを対象として韓国で行われていた売春観光。キーセンとは芸妓を兼業とする娼婦の意。

して男として「買うのが当たり前」という空気が強かった。その時代に松井さんたちは、買春行為に対する意識調査をしているんです。しかも、男性だけでなく、妻にも書いてもらっている。「海外に行って買春する男性についてどう思いますか?」という質問に、妻が「仕方ない」とか「病気をもらってこなければ良い」なんて回答しています。

町に公衆トイレがあるように、当時の買春というのは男の人にとっては、環境としてあるのが当たり前の話で、自分がなぜそれを求めるのか考える理由もないのかもしれないですよね。むしろ「やらない」理由を求められる。女性も、「男は(精液を)出さなければいけない」なんて思って、「私セックスしたくないから外でやってきて」「不倫するくらいならお金払ってやって」とか、皆が買春することは当たり前という姿勢。でも、そんな70年代的価値観は今も決して過去の話ではないです。

香山　皆が得する、Win-Winだと思っている感じですよね。女はお金が貰えるし。

北原　そうですね。東南アジアに行って「国の経済成長のために」なんて言って橋も造ってやるわ、「困っている女にお金を払ってあげるんだ」なんて言って女も買ってやるわみたいな感覚で、当たり前のようにする。だからその気持ち悪さに気づくタイミングがないんです。私も男だったらやっていると思うんですけど。

香山　そうなんですか!?（笑）

北原　だってこの社会にいたら、そっち側になる確率、高いですよ。

香山　でもたしかに、会社に勤めると新人の時に「今日はそういうところに連れて行ってやる」なんて上司に言われて断れない、というようなことを聞いたことがあります。

北原　広告代理店に勤めている今50代の女性が、90年代などはソープでの接待もあったと言ってました。彼女はソープの待合室で待っていて、出てきた男に「どうだった？」と聞くしかなかったと。

かつてフェミニストは、女が社会に出ていくと、男たちが連帯してセックスを買うような文化は廃れていくと信じていました。今は先輩に風俗に連れて行かれるとか営業の接待で風俗に行くという文化は昔より少なくなっているかもしれません。店舗型のお店も少なくなっているので、ネットで女性をクリックしたり、電話で注文して個人的にオーダーする、というのが一般的です。

坂爪真吾さんの『性風俗のいびつな現場』（ちくま新書　２０１６）によれば、デリヘルって個人で何の資本もない男たちが簡単に始められる職業なんだなぁということがわかるのですが、警察に営業届を出して車一台買って、ネット整備して、女の子を集めればもうすぐに商売可能。元手少なく商売を始められ、買うほうは気軽に安く買える。女が社会進出したからといって決して性売買はなくなっていない。

香山　私も大学でそういう話をするんですが、今の子は想像力や共感力が乏しいのと個人主義化しているということもあって、「自分がやりたくてやっていることは、こっちが口出す必要はないいんじゃないの」って言うんです。女子学生も。

北原　そう言う人、いますね。先日、同い年の男性弁護士とJKビジネスに巻き込まれる女の子たちがいかに酷い状況に追いやられているのかを話していたら、「やっぱりどんなに困っていても、最後に思いとどまるべきだ」って涼しい顔で言うんですよね。家に頼れる親がいなく、お腹が空いていて、誰も助けてくれなくて、男に声をかけられておごってもらって、手をつながれてしまった時、どれだけ「嫌だ」って手を振り切って逃げられるのか。殺されるかもしれない、レイプされるかもしれない、でも、今は体が緊張していて何もできない、という現実を生きている女の子への想像力がないんですよね。どんな状況でも自分の力と判断で選択できると思える世界に、多くの男の人たちは生きてるんだなぁって突きつけられましたよね。

香山　そうですね。私も精神科医だから、自己決定っていう時の「自己」というものがいかに脆いものかということは、いつも思います。自己なんてその時々で変わるものです。たとえば「手術どうしますか？」と問われて自己決定したとしても、後になって後悔したりする。そんなに自己って信じられるものではないです。自己決定って、あくまで後から何かあった時に、「自分で決定したんだろ」という責任を押し付ける言葉でしかないと思うんですね。

北原　また、それを言うことの暴力性もあります。

香山　それこそ上野さんとか宮台さんとか、ある意味知的教育を受けられる環境にいた人たちにとっては、「理性」がすごく信じられるもので、自己決定するだけの自己、自我がきちんと形成されているから、たとえば「私は自分で行きたい学部を選んだ」という認識があるのかもしれません。

でも、たとえば「黒子のバスケ」の事件を起こした渡邊博史さんの手記『生ける屍の結末――「黒子のバスケ」脅迫事件の全真相』（創出版　2014）を読むと「自分は地面についていない浮遊霊みたいなものだ」と書いてあったりする。そういう中で自己決定しろと言われても、彼が初めて下した自己決定は「黒子のバスケ」を脅迫することだったんですよね。上野さんの「私は自己決定している」という感覚を他の女の子にも求めるのは、私はおかしい気がするんです。

北原　たとえばお客にコンドームを付けたくないと言われた時にどう切り返すかとかなど、風俗の現場で具体的に身を守る術を教える活動をされている方々もいます。もちろん、その方たちのおっしゃることは正論なんだけれども、それを理解し、実行できる現場はどのくらいあるのだろう、という問題もあります。男性にちゃんと言い返せるのか、クラミジアなど、性感染症の知識を理解し、セックスワーカーとして自分を管理できる子がどれくらいいるのか。正しさとか理性を持ってお客と渡り合って、誰もが「自己決定」できる世界じゃない。

香山　私が診察室で会ってきた性売買をしている女性たちの多くは虐待を受けたり、崩壊家庭で育ったりしているんですが、変な言い方をすると、普通に過ごしていたら東大に行っていただろうというような人もいました。いわゆる地頭がすごく良くて、エクセルで顧客表を管理してマメにお客さんの誕生日に連絡したりする。だからすぐにナンバーワンになっちゃうんです。でもその人たちですら、さっき言ったようにものを書くことで対象化しないと自分を保てなくなって、病んで病院に来る女性もいればば、なかには死んでしまう女性もいたわけです。

セックスワークと性暴力をうやむやにするな

北原　香山さんは、「セックスワーク」についてどのようにお考えですか？

香山　難しいところです。ちょっと変なたとえですが、盗難には誰も遭いたくなくて、遭わないようにするには財布を隠しておくとか手立てがあるけれど、セックスはそうじゃない。性暴力には遭いたくないけどセックスはしたい。盗難で言うと、財布は盗られたくないけど違う状況なら財布はあげたい、みたいな状態ですよね。

セックスってある面では暴力になり、ある面では気持ちの良い最高の愛情表現になり、ある面では仕事でお金が介在するという、すごく多面性を持ってしまっている。しかもそれがどれも生半可なことじゃないんですよね。被害度合いも、愛情とか気持ち良さも。「いや、このセックスは私にとっては暴力なんだ」「このセックスは快感だ」といったことを決定するのは女性なんですよね。

北原　だから本来の意味での「自己決定」って尊いんですよね。自分の意に沿わないことはしなくていい。どのような仕事をしていても、どのような状況にあっても、自分が嫌だと思うことを受け入れる必要はない。長い間、性的自由と権利を奪われ続けてきた女性にとって、性の自己決定はとても尊い価値です。それが、今、自己決定の使われ方が自己責任とセットで語られるようになった。性的自己決定があたかも、売るか売らないか自分の体をどのように行使しようが自由、みたいな文脈で使われるようになってしまった。

またそういう議論の中で、怒りを向ける対象は、買春する男や、性差別構造そのものというよりは、性売買に反対する人たち、特に女性の人権を訴えるフェミニストに向けられてきました。曰く、性売買を倫理の観点から否定する保守的で上から目線のフェミニスト、同情に値する被害者を選別し、性的に奔放な女の被害は切り捨てるフェミニスト、性的な嫌悪感をむき出しにするフェミニスト……というようなレッテル貼りがフェミニストに向けられた。

でも、そもそも、こういうレッテル貼りは事実に基づいているんでしょうか。

私が89年に集会に行き始めた時に怒っていたフェミニストたちは、「性売買は良くない」などと言っている人、誰もいませんでしたよ。むしろ、「こんな暴力は許さない」ということです。性の自己決定について最も女性運動が声をあげたのは、性売買に従事している女の人たちが事件に巻き込まれるのが続いた80年代後半に、最も声高に叫ばれた価値観だったと認識しています。

たとえば86年頃、船橋駅でストリッパーの女の人がすごく派手な格好をしていたことから男性に絡まれて、「やめてよ」と言って男性を突き飛ばしたら、ちょうど総武線の電車が入ってきて男性が死んでしまったという事件がありました。彼女は過剰防衛だということで逮捕されて、裁判では「こんな仕事しているなら男の扱いは慣れていたはずだろう」とか、かなりひどいことを言われていました。それにいちばん怒っていたのがフェミニストの人たちで、運動も起きました。

その翌年に池袋買春男性死亡事件という、ホテルで殺されそうになったＳＭ嬢が、男の持っていたナイフを奪い男を刺して、結果男性が死ぬという事件も過剰防衛と言われました。その時の判決には「売春しているならば、このようなリスクも当然ある」という内容が入っていました。それでも、女性たちは弁護団をつくって、執行猶予をつけた。女性運動家たちが、「たとえどんな仕事していても、暴力を受けるいわれはない」って集まったんです。

つまり、フェミニストが売春する女性を排除してきた、性売買を批判することによって女性のスティグマを深めたというのは、事実と違う。

もっと前に遡ると、1950年代のいわゆる売春防止法の時にフェミニストの人たちが「売春しかお金を稼ぐ術がない人たちの仕事を奪った」として、彼女たちを上から目線で人間扱いしていなかったというような言説が流布されますが、売春者ではなく買春者が処罰される法律制定のために走り、生活困窮する女性たちの支援を率先してやってきたのはフェミニストです。

香山　当時のフェミニストって誰になるんですか？　全くフェミニズムの歴史を知らないので教えてください。

北原　政治家だと神近市子さんとか市川房枝さんが有名ですよね。神近さんは結婚生活を脅かす存在として売春を挙げているんですが、彼女たちの「売春観」や「結婚観」には、時代的な制約があります。明治から戦後まで、女性に権利など無いに等しい時代において、一夫一婦制がどれだけ女たちにとって悲願だったのか、結婚生活の中で女性が尊厳を損なわれずに生きることがどれほど難しいことだったのか考えれば、神近さんのそういう発言も理解できないわけじゃない。

だいたい「当事者」という言葉もない中で、自分自身も性暴力やDVを受けてきた人たちが性売買をしていた女の人たちを助けたり保護したりしていたわけだから、決して上から目線の運動ではなく、むしろ同じ姉妹として戦ってきたのが廃娼運動の歴史でした。明治時代の廃娼運動の言葉に「醜業婦は我らの姉妹なり」というのがあるんです。「醜業婦」という言葉はもちろん差別的だけど、それがあの当時、性売買に関わる人を指す「公的」な言葉だったのだから、そこを批判しても意味がない。

性を巡る議論になると、必ず、性差別の観点から性売買を批判するフェミニストを、こういった文脈で批判する声が出てくるし、今そこに止まることを決意している女性を一方的に「被害者」扱いするなという声もある。でも、「被害者扱い」ではなく、そもそもこれほど性売買が発展してきたこと自体が、女性への人権侵害だったのではないかと、考える必要があるんじゃないかと思うんですよね。

香山　「自分は性暴力の被害者だ」という自覚がない女の人は多くて、診察室でも最初からそれを訴える人って本当に少ないんです。性暴力の被害でいちばん典型的な後遺症というのは、「記憶がない時間があるんですよ」って言ってくること。多重人格だったり、「薬が止められない」と薬依存症を訴えたりする人もいる。

いろいろ聞いていくと、過去に実父や継父からの性暴力だったり、彼氏からのデートDVだったりがあって、「それは暴力ですよね、虐待ですよね」って言われて初めて「ああ、そうなんですね」って認識する人が多いんです。性の場で起きていることを暴力とか虐待というふうに考えない、そっちに分類しない傾向があるんじゃないかと思います。

北原　やっぱり性にまつわることで暴力を受けた時に、暴力と思っていても人には言いにくいですよね。なぜ、性で貶められることは、これほど辛いんでしょう。

香山　アンケートをとったわけではありませんが、子ども時代になんらかの性的行為を強要されたことがある女性って結構多いと思うんです。

北原　連れて行かれそうになったり、性器を見せられたりなど、それも親戚や近所の人、時には親からAVを見せられたりとか、本当に多いです。

香山　でもそれを家に帰って親に報告しているかというと、たぶん言えていない。幼くて自覚がないということもあるかもしれませんが、ある程度状況がわかる年だったら、「自分が怒られるんじゃないか」「汚れた娘だと思われるんじゃないか」とか。

北原　そういう時に、「性器など、たかが体の一部のこと」「セックスなどで貶められると思っているほうが、家父長制的価値観を内包している」「セックスの特権性から自由になろう」なんて言われたら何ともなく思えるのかとか。そういう話じゃないですよね。

香山　こんないい歳になっても、嫌な男に手を握られることだけでもすごく怖いじゃないですか。くだらない例ですが、私はずっとフランス人の先生のお宅に行ってフランス語を習っていました。日本人の奥さんも子どももいる先生で。でも、ある時に「今日は妻がいないんですよ」と言われて、教科書を読んでいたら突然手を握られたんです。私、フランス語で断る言葉が出てこないっていうのもあったんですけど（笑）、そのまま沈黙してしまい、その日から習うのを辞めちゃったんです。どうしていいかわからなくなっちゃって。「やめて」も言えなかったのは未だに悔しいし情けないのですが。

北原　「ああ、こういうふうに見てたんだ」っていう。

香山　そうそう。一生懸命に教えてくれていたんですけど、ただの生徒として見てくれてたんじゃなかったのかなって。今だったら「やめてくださいよ〜」といなせる気がしないでもないけど、ちょっと前まではその場に行かなくなるとかそういう方法で身を守っていた感じがあります。

セクハラも同じだと思うんですが、患者さんからよく聞く話で、たとえば資格を取ろうと思って水曜日には定時に帰ろうとしている人が、上司から「毎週水曜日はデートなの？」とか言われると心が折れるというような話をよく聞きます。「そんなんじゃないんです。私は仕事の幅を広げるために資格を取ろうと思っているんです」ってムキになっちゃうと、上司からは「なんでそんなムキになるの。こっちはお世辞で言ったのに」みたいなことを言われたと。男性としては本当にただのサービストークとして言ったことが、ことのほかそれで傷ついちゃうっていうのは、やっぱり性が人格と直結しているということだと思うんです。

でも、こういうことを言うと、男は「でも女だって手を握ってくるじゃないか」「相手によっては可愛いとか言われて喜ぶくせに」とか言う。そこは「あなたは良いけど、あなたは違う」というのをどう示すかの問題もあって。

北原　そこはすごくジェンダーの問題で、男の人が「文化」としても性と人格を分けているように見えます。本当の立派な俺はこっちなんだけど、性に関しては「本能だからしょうがありません」みたいに、自分のコントロール外で起きている自然現象みたいな感じでセックスを語ったりとかする。性を買うことも、社会的なことから切り離された「オスとしての俺」で、人格としてそこを見ているわけでもない。かと思えば、性の表現となると「表現の自由」を標榜し始めたり、性売買で批判的なことを言うと、「売春は世界最古の職業だ」とか「貧困女性にとって最後のセーフティネットだ」と言いたがる。何がしたいのか全然わからないんです（笑）。

香山　性欲は男性にとってはコントロールできない、というのが自明のことになっていますよね。

北原　そこをまず変えてほしいんですよ。コントロールできない人が同じ電車に乗っているなんて、怖いじゃないですか。

香山　舛添要一さんが愛人と裁判になった時、舛添さんの主張では別れることで話が付いていたけども、でも実際には関係が終了していたはずの時期に女性が妊娠していた。裁判長が、「あなたは別れると言っていますが、女性はその時に妊娠していますよね」と尋ねたら、「頭では別れると思っていたんですが、夜になると動物的なことがつい」って裁判で答えていて！（笑）

北原　なんですかそれ！（笑）でもまあ、それはすごく正直ですよね。

香山　だからセックスワークについてのお話は、女もそうなればいいじゃないかという話なんでしょうか。

北原　性から特権性を失わせたら、性と人格を切り離せるようになると、フェミニストでも言ってきた人いますからね。するとセックスワークもこんなに値段が高くならず、普通のマッサージみたいにもっと気軽にお金を稼ぎたい人のための仕事になるんだと。つまり現在セックスのお仕事が「高い」のは、女のスティグマ代だと。暴論ですね。

女性にとって「性」と人格は切り離せない

香山　女性はいくら性と人格を切り離そうとしても人格の欠片みたいな、性的行為をしている時に付随している人格的なものが絶対あるわけです。それと本来の人格を切り離すということになるなら、それは多重人格みたいに乖離してしまう。

北原　具体的な性行為に限らず、性で貶められる悔しさって、ちょっと恐怖に近い悔しさを感じます。

香山　お金を返してもらったら回復するとかいう問題じゃないですよね。

北原　香山さん、この悔しさって、何ですか？

香山　精神分析の中では古典ですが、フロイトは「原体験」と言って、親の性交はすごいトラウマで、頭の片隅では目撃した気になっていたりするといいます。でも、それがなければ生まれてこなかったというジレンマがあるわけです。

一方で体外受精の場合、男性は自分で精子を出すわけです。産婦人科の採精室にはエロ本なんかが置いてある。それを子どもが知った時、「お母さんを見たわけじゃない精子で私は生まれた」みたいなことを思わないのかな、なんてことが気になってしまうんです。くだらない話ですが。

北原　ああ、何きっかけで出た精子だったのか、とか（笑）。

香山　そう（笑）。これはあまりにもウブですが、セックスというものは、自分が出生したことと密接に関係のある行為なわけです。その行為が、自分自身を傷つけたりすることの矛盾を感じます。

北原　男の人は買春している時に乖離しないんでしょうか。水木しげるさんの戦争体験を描いた漫画で、慰安所で「お前も並べよ！」って言われて無理やり並んでいたらおしっこがしたくなった。用を足しに行くと、慰安所から出てきた女の人が慌てておしっこしているところにバッタリ遭遇してしまう場面があるんです。その時、水木さんを見る女性の顔が地獄にいるようだったそうです。「俺も地獄にいるけど、この人たちはもっと地獄だ」と感じた水木さんは、その列から離れた。

ここからは水木さんは描いていませんが、列に並ばされてあれを娯楽、慰安だと思っている男の人たちの性の扱われ方も、自分が男だったら耐えられないんじゃないかなと思います。でもそれに耐えられるような社会とか教育のほうが、男性に対しても人格を無視しているのかもしれません。

こういう話をすると、性売買があるのは日本だけじゃないぞ、ということを言う方が必ず出てきますが、性売買って男性の性として捉えるだけじゃなく、ローカルな文脈と文化、歴史、その国の民主主義度、男女平等度、様々な角度から考える必要がありますよね。日本の男の人は、国家からも社会からも「欲望をコントロールできないのは、自然なことだ」とか「夜になると動物的なことがつい」とか言って自分を動物化しておきながら、「自分の欲望のために女の体は利用できるんだ。男とはそういう生き物なんだ」とさんざん教育で刷り込まれている。そこに女の体が巻き込まれてしまう。

また女の人への暴力ですら、娯楽として消費することが当たり前に刷り込まれている社会がどこに向かおうとしているのかも、「表現の自由」があるからこそ、考えるべきですよね。

昭和時代にエロをカウンターカルチャーとして抵抗してきた延長で、今のAV文化を捉えるには無理がありすぎる。表現の自由というのは民主主義で揉んでいくものだと思うんですが、揉む力さえなくなっていると思います。

香山　表現の自由って言いながら、結局は市場主義的に売れる物が優先されているだけなんですよね。だから、萌えキャラを商売にする人は「自由を守れ！」と思いながらやっているわけではなく、「これやっといたほうが売れるから」くらいの安易なものなんです。ツイッターのハッシュタグで「#コンビニはエロ本を売らずにおむつを売れ」というのがあったのを知っていますか？

北原　へえ、良いですね！

香山　コンビニにはオムツが売っていなくて、スーパーみたいな店に行かないと買えない。5枚組とかでもいいから売ってほしいという声があるんです。

北原　売っていないということに気がつかなかった！　たしかにそうですね。

香山　私も気づきませんでした。ドラッグストアでも小さなお店では扱っていないみたいです。それに対してツイッターで、Ｔｏｍｉｃａさんというアカウント名の方が闘っていたのが面白かったんです。「コンビニは商売なんだから売れるものを売るのは当たり前だ」と言う人もいれば、「オムツは売れなかったから結局やめたそうです」とか、本当か嘘かわからないことを言う人もいて、そんな中でＴｏｍｉｃａさんが「お前らは、コンビニでズリネタがなくなるのに敏感すぎ」って言っていて本当におかしかった（笑）。

北原　あの人面白いですよね。今、ネットで怒る女性たちの勢いが希望です。だって、やっぱりエロ漬けされてオナネタを必死で手放さないとする男たちを「せんずり村の住人」と名付けたりとか、楽しい。

香山　私、近年見た映画で最高に好きなのが『マッドマックス　怒りのデス・ロード』なんです。孤高にして強い女性が、権力者のもとで蹂躙されていた女性たちを解放して一緒に逃げ、途中で引き返してきて、その権力者と闘う話。主人公のマックスはあるきっかけで逃げる女性たちの旅に同伴することになるんだけど、孤高の女性とマックスは同志愛は育むけど恋愛関係にはならない。そのクールさにシビレました。それから私も強くなりたい、と格闘技を習い出したほど（笑）。

北原　嬉しい傾向ですよね。男のズリネタとかを後生大事に皆が守る時代なんて、ウンザリです。私の姪っ子が7歳なんですが、コンビニに一緒に行ってあのエロ本売り場の前を通らなくちゃいけない状況って辛いんです。自分も通ってきた道なんですが、でもやっぱり嫌だったし、嫌だって言うのにずいぶん時間がかかりました。

香山　そのエロ本に出ている女性を、「あの人は自分とは違う人だから」というふうに自分と切り離して蔑視してしまう女性もいると思います。特に私たちの親世代だとその傾向は顕著で、「あんなふうに雑誌に出てくる女はあなたとは違う、くだらない人なんだから」という感じでした。

北原　でも、女性自身が「娼婦」への憧れを語る文化もありますよね。貶めるだけじゃなくて「この仕事は素晴らしいんだ！」と、自分の自由度を測るかのように性売買を肯定する女性もいる。だいたいＡＶ女優を過剰に崇める文化って、ありましたよね。80年代のＡＶブームの頃、クラスの男子が樹まり子とか、豊丸の話をさんざんしてました。どんなもんだろうって、友人と借りて見てみたら、ものすごく大胆なセックスをしていて衝撃を受けました。豊丸さんが「大根挿れて!!」と叫んでいるのを見て、「うわ、すごいなこの人。格好いい」って、その時は思いました。平野勝之監督の作品を正当に評価できることが格好いいというような、サブカル女としての捻れた承認欲求というのも、私にあったのかもしれません。あと、女の人の淫乱ぶりが心地良いというか、女の人の欲望が肯定的に描かれている面もあるというふうに、ＡＶを評価している部分が私の中にもありました。

でも、その数年後、実際に私が男性向けポルノ雑誌でアルバイトを始めた時、初めて生身のＡＶ女優に何人もインタビューやグラビアのアシスタントとして会いましたが、私がお会いした方々だけの話でいえば、楽しそうに仕事している女性には会えませんでした。ＡＶ女優自身の欲望が描かれている、というのも、ある種のファンタジーだったんだなと、突きつけられました。

香山　黒木香さんも横浜国立大卒という学歴を隠さず、でもエクスタシーの時にホラ貝を吹くとか、腋毛を剃らずに見せる、といった意表をついた演出のAVで文字通り体当たりの演技を見せ、世の中のものさしを破壊した。当時はすごい、と思いましたが、ここまでやって自分はすり減らないか、あまりに自己犠牲がすぎないか、と心配にもなりました。

北原　私が見ていたのは男の人たちによる作り物の淫乱であって、私自身それを面白がってはいたけれども、彼女たちにとってどういう意味だったのかとか、それが当たり前にある社会で自分が何を思ったのかとか、AVを観ている女ということで個性的な女だと思われたい面もあったのかとか、すごく自分の中で考えました。実際にAVを見て（自分自身は）オナニーするとなどなく、むしろ大根を入れる女性を観ながら男の人がオナニーできるとしたら、いったい男性とわかりあえる日はくるのだろうか、と遠い目になりました（笑）。なんのためにこんなに女の人のセックスを表現するかも、だんだんわからなくなってくる。

日本における性の思想・文化・経済

北原　香山さんは、性売買業界に対して、今、どのようなお立場ですか？

世界の流れをみていると、ノルウェーをはじめとする北欧が実現させている買春者を処罰する法律が広まっています。需要を少なくしていく、という考え方ですよね。2016年にはフランスが買春者処罰に切り替えた。ドイツは2002年に合法化していましたが、2017年夏に、働く女性たちを登録制にしました。よく、性売買を合法化しないと闇に潜り余計に女性が危険な目に遭うと言われていますが、合法化したところで、人身取引で売春を強要される女性は、なくならなかった。今回のドイツの規制は完全な管理売春の体をなしていますし、そもそも仕事をするのに行政に自分のIDを登録したくない人のほうが圧倒的です。

一方で日本は売春防止法はあるけれど、「合法的に性売買ができるため」の風営法があるために、事実上、合法化されています。もちろん、実際の現場で挿入行為があったりすると女性が処罰される弱い立場にあるなど、問題はたくさんありますが、素人がすぐには理解できない複雑な法によって買春者が守られている状況だと思います。法律の改正も必要だけれど、当たり前のように買う文化、当たり前のように身近にポルノがある文化を変えていくような教育も必要なのではないかな、と思うのですが。

香山　クリスチャンホーム的な教育こそ、そうですよね。幸せな結婚をして夫婦間の行為はおおいにする。もちろんそれは快楽のためというより生殖のため、愛の家庭を作るため、というのは神様が望んだことだという話です。

北原　明治維新直後に近代的な家族観として輸入されたけれど、日本には根付きませんでしたね。というより、フェミニストとしては、そういう価値観こそが家父長制的であると批判してきたわけだけれど。性に関する、その二者択一って、厳しいですね。

香山　そうですね。『はじめての不倫学』（光文社新書　2015）で坂爪真吾さんも、そこが難しいと言っているんですよね。しかし売買春が良いとも言えないのだったらどうするかと言ったら、ある種のフリーセックス化。商売ではなく、婚外でお互いが性を楽しむ社会が良いというんです。ただ不倫になってしまうと家庭が壊れるから、それこそ人格と乖離した性をワークでもなく行うと。

あとはポリガミー。多夫多妻制が良いと言っている人もいますよね。

北原　そこまでセックスって、保証されなければいけないのかな。坂爪さん、誰を救済しようとしてるのかよくわからない。私は人権が侵害される状況に追い込まれるとか、暴力が生まれるとかでなければ基本的に、どのような関係を結ぶのかは個人の自由だと思っています。まさに上間陽子さんの『裸足で逃げる』みたいな状況に一人でも陥らないようにしなければいけない。男のセックス保証のための制度なんてどうでもよくないですか？　男の人はセックスできない、セックスから排除される恐怖に支配されているってことですか。需要、減らすの、難しいのかな。

香山　でもそれってドラッグと同じで、その需要をどう減らすのかというと、短期的には何らかの脅しが必要な気がします。ドラッグも「廃人になる」という脅しがありますよね。でも、その脅しはアルコール依存でも薬物依存でも本質的な治療にはならないのですが。

北原　昔は「オナニーやりすぎると廃人になる」など、さんざん脅されていましたね（笑）。

香山　「外でやりすぎると性病になる」とか。そういった脅し殺法ってドラッグもそうですが、実は長期的な効果がないことがわかっています。ドラッグも最近は「動機付け療法」といって、自分から「やめたほうがいい」という心境になるのを待つとか、取り上げたら他のものをやってしまうから、ドラッグに頼らなくてもやっていけるようにしようとするんですが、男の人のそういう需要は……。

北原　その需要が、性欲というよりは、文化や経済に自然に組み込まれているのがやっかいなんじゃないかなと思います。たとえば70年代にアジアへ買春ツアーに行っていた男の人たちって、大義名分もあったと思うんです。マニラの美しいナショナルパークだったところが全部ネオンだらけの買春街になっていく過程を見てきた高里鈴代さんによれば、その買春街は、人々が豊かな生活を送るためという大義名分でフィリピンにインフラを作りに行った日本人の男性が楽しむためにマルコス大統領が作ったものだった。日本人のサラリーマンが、旅行鞄に妻からコンドーム入れられて「行ってらっしゃい」と見送られてフィリピンに行って、夜になってホテルに行くと、女の人が集まっていて、彼らは彼女たちにお金を払ってセックスする。それによって日本もフィリピンも経済発展に繋がるというお墨付きを与えられるわけです。アジアにおける日本は、日本人男性の性意識と経済がひとつになって成長してきた歴史がある。そう考えると、性だけ切り離して「止めましょう」なんて言ったところで、男性社会にはリアリティがないのかもしれない。

だから、まずは言語化し、問題化していくことが必要。なぜ日本の男のセックスはこんな状況なのか。その背景にある思想、文化、経済が発展した理由を全部言語化しないと、ペニスだけを抑えても無理なんですよね。これがどれだけ特殊な状況なのかということを、共通認識として持たなくてはいけない。これが最初の一歩なのかなと思います。そうでないと、倫理感の強い〝おばさん〟が「そういうのは気持ち悪いからやめてください」と言っているような印象を持たれて終わるだけだと思う。

香山　男の性的価値観が、時代や社会でより倫理性の高い方向に変わるケースもありますよね。大塚英志さんも、宮崎勤に関しては擁護する方向でした。彼も80年代には『漫画ブリッコ』の編集長として今でいう萌えキャラ、もっとありていに言えばロリコン漫画を多く連載させて一世を風靡しました。今でいう「表現の自由」派の草分けと言ってもよいかもしれません。しかし彼の主張が変わったのは、アニメとか萌えキャラが「クールジャパン」という国策に絡め取られるようになっていったから、それに反対したことがきっかけでした。私もそれは同感です。

当時は宮崎勤について、「社会が生んだ犯罪」とか「オタクを守れ」という声もありましたが、今であれば宮崎個人に対してはもっと厳しい目が向けられていたと思いますし、幼児への性的暴行は厳罰化されました。彼を擁護すると、犯罪者を擁護なんてあり得ないとすごく叩かれるわけです。そういう意見が良いか悪いかは別として、私なんかは逆に、あまりにも「社会が生んだ犯罪」という視点がなくなり、本人だけを罰すれば良いというふうになりすぎる今の傾向もちょっと危険だなと思います。

北原　もちろん、それはそうだと思います。

香山　今、あんな事件は世界に対しても、国として起こしてもらっちゃ困るわけです。でも政府は、性的な面を切り離して、萌えキャラやアニメは「クールジャパン」として世界に売れると思ってしまっている。でもそれは大きな間違いで、世界の人に向かって「幼女がミニスカートで飛んだり跳ねたりするキャラクターを買ってください。でも幼児ポルノを推奨しているわけじゃないんです」と言ったって通用しません。国のお墨付きのキャラクターグッズやフィギュアはいくらでも集めて良くて、でも現実の幼女には欲情してはいけないよということでは通用しないと思うんです。そんなに都合よくできないですよね。それはさっきおっしゃっていた、アジアで買春する人たちが経済発展だとか言っているのと、構造が似ていると思うんです。

北原　その通りだと思います。当時フィリピンで売春していた女性たちがどういう背景で暮らしていたのかとか、今アニメの被害者はいないと言われていますが、一方で幼女に扮した18歳以上の女の人のＡＶとか、少し前まで秋葉原で行われていたような大人の男たちに囲まれる幼女の着エロの撮影会とか。

性暴力は、その時は言葉にできない。だけれど、忘れられない。将来、女の子たちが「あの撮影会は何だったんだろう」と考えた時の気持ち悪さとか、その時の体験をどう言語化するのかといった、声なき声に耳を澄まさなければいけない。経済発展とかクールジャパンとかお墨付きを与えるものの対象が、既に男側の欲望なんですよね。

それに対して、いい加減にしてくれよという、それこそカウンターカルチャーであり、フェミニズムなんです。

2

「性差別」と認知できなくなっている「問題」

表象における女性〜会田誠・萌えキャラ〜

香山　今日は「碧志摩《あおしま》メグ」[12] のお菓子を持ってきました（笑）。もちろん非公式キャラのまま、商品化されているようです。

北原　こういう萌えキャラって、骨格よりむしろスカートのシワや乳房の膨らみを表現する影で体を表現している。どれだけエロティックな皺や影を描けるかが肝なんでしょうね。

香山　この、ヒモをほどくような手がツヤ感ですね。

北原　行政がこういうの出す度に絶望的な気持ちになりますが、それって私が「慣れていない」だけなんですかね。

今日は性表現の話をしたいな、と思うのですが、香山さんは会田誠さんの作品については、どのように見えていますか？　こういう碧志摩メグと日本現代美術界の巨匠の感覚、実は根底で繋がっているのかいないのか、ということ考えているんです。

12：三重県志摩市のPRキャラクター。海女をモチーフとした萌えキャラであり、日本一の海女を目指す17歳の女の子。２０１６年開催の伊勢志摩サミットの直前より一部の市民から「見た目が性的すぎる」「海女を馬鹿にしている」など批判の声が高まり、志摩市「公認キャラクター」の撤回を求める署名活動が行われた。その後、市は公認を取り下げ、非公認となる。

香山　村上隆さんの作品も同じ文脈で語れるでしょうか。フィギュアかアートか、と議論に……。

北原　村上さんのはアートというか、お商売だと思ってます。

香山　国際アート市場でとても高く売れた作品もありますよね。

北原　そうなんですか。

香山　まず村上隆さんの作品は、アートとして何億円という値がついたこともありました。村上隆さんはとても戦略的な方で、アート界でどうすれば評価が上がり、市場で高値が付くかを実践すること自体が作品になっている気がする。とにかく抑えがたい衝動があって作った、というタイプのアーティストではないですよね。

　これも学生と議論するんですが、モートン・バートレットってアメリカ人の芸術家がいるんです。80

萌えキャラ「碧志摩メグ」の公式サイトより

歳くらいで死んだ後、家から12体くらいの女の子の人形と3体の男の子の人形が出てきたんです。この人は生涯独身で孤独な生活だったんですが、人形も衣装も小物も手作りして、歯も一本一本作って入れていくというすごく精巧に作品を作っていた。「避暑地で読書している女の子」といった設定をつくって、写真を撮ったりして。彼はそれをどこにも発表していなかった。自分の単純な楽しみとしてやっていたんです。

これを学生に教えると「すご〜い！」とか言うんだけど、でも見ていくと写真の中には微妙にエロな写真もあるんです。体にひっついている水着とか、シャワーから上がっている子とか。それを無邪気と見るのかエロと見るのかはわからないんですよね。

北原　あぁ……。

香山　これって最終的には、犯罪か変態かみたいなところに行くわけです。「彼は変態です！」と言う学生は結構多い。肯定的に捉えると「家族がいないから自分で人形を作って囲まれて家族の雰囲気を楽しみたかった」という良い話にもできるんですが、「幼女ばかりこんなに精巧に作るのはおかしい」という話にもなる。ヘンリー・ダーガーも「これはアートだ」と言う人は多いんだけど、「これはどんな人が描いたんだと思います？」って聞くと、「40代女性」って答える学生も多くて。

北原　へえ。

香山　それで、「いや、これは80代で死んだおじいさんが描いたんですよ」と教えると、急に「じゃあ変態じゃないか！」って言う子もいたりして。でも、私はダーガーやバートレットはアーティストだと思っていて、それは共通点として生前は誰にも見せなかったということと、自分の思いとしては誰にも知られないまま葬り去られても全然文句なかったわけですよね。だから、それは抑えがたい衝動で人形を作ったり絵を描いていたりしたわけです。もちろん現実生活では犯罪的行為はしていなかった。

北原　まあ、していたとしても、もうわからないでしょうけど（笑）。でも、私も村上隆さんや会田さんの動機はどうであれ、あれはアートではないとまでは思っていないんです。それよりも会田さんとか村上さんの作品が高く評価される、売れる社会が怖いんですよね。

香山　そこは私は少し違う。アートという枠組みで発表されている以上、会田誠の作品はアートとして扱ってよいと思うのです。おそらく会田さんは、これがウケるからやってやれ、ということではなくて、もっとコンセプチュアルなものとして作品を作っていると思います。

北原　バートレットやダーガーが生前に作品を表に出せなかったのは、これを出した時に自分の評価が下がることがわかっていた。だけど会田さんの場合は少女を切り刻んだり、制服の女の子をジューサーにかけたりとか、ああいう作品を世に出しても評価が下がるのではなく、芸術家として評価が上がるこの社会が怖いと思った。誰にも理解されない孤独の病的な変態作家、もしかしたら天才だったかも？　ではなく、天才作家として評価される現代日本社会の問題だと思っています。

香山　社会全体が受け入れているというより、あくまで制度としてのアートの中で、と考えてはダメですか？　会田さんには安倍政権を批判しているといわれる作品もありましたが、デモではなくてアートとしてのレジスタンスということではないのでしょうか。あるいは、アートの限界に挑戦している。それまでを社会的な文脈で「変態」と言って禁じてしまうことには、私は違和感を感じますね。

北原　私は制度としてのアートの権力や、ジェンダー問題もあると思います。それに、ロリ表現が挑戦になるとしたら、それこそ醜悪だと思います。なぜ少女で挑戦しなければいけないのかなと。セックスや暴力表現を、タブーを破る反権力として描くのは、繰り返し男の表現者がやってきた凡庸な手法じゃないですか？

香山　ある種の権力、制度、倫理への挑戦のシンボルではないですか。

北原　少女への暴力表現が「ある種の権力に対する挑戦」だとした時の、ある種の権力って、何なのでしょう。正直、少女への暴力が溢れている社会で、どういう文脈で反権力になるのかわからないです。安倍政権批判してエロやってれば、誰でも英雄になれるのねって、皮肉も言いたくなります。

ところで、村上さんの作品って海外で高く評価されていますよね。

香山　2008年にニューヨークの美術オークションで16億円で落札されたフィギュアがありましたよね。

北原　外国で日本の文化のアニメやフィギュアなどが「見たこともないもの」として受けるのはわからないでもないけれど、アニメやロリコンなどで生き残りをかけるような国、私はイヤだな。

会田誠さんの「天才でごめんなさい」の森美（森美術館）の時は、AV出演強要問題を世に問うた社会福祉家の宮本節子さんが中心になって森美に抗議をしたら、「君たち、現代美術を知っていますか？（笑）　マルセル・デュシャンを知っていますか？」と、アートを倫理や正義で評価する芸術オンチとして門前払いだったそうです。

香山　それが本当なら問題ですね。

北原　「美術を知らないオバサンが、自分が嫌だからって文句を付けに来た」というふうにしか受け取られなかったんでしょうね。あの時、私自身は宮本さんたちの運動に関わってはいませんでした。というより、女性アーティストは当然のことながら、フェミニストも冷酷に遠巻きに見てましたよね。あのグループに入ると、「文化のわからない人たち」とレッテル貼られてしまう怖さがあるからだと思う。

香山　どこでもピーッと笛吹いて道徳化するみたいな感じですね。

北原　そうです。そういうふうに嘲笑されたくないから、ロリコンアニメやAVは批判するけれど、アートというお墨付きがある表現物への批判はどこか緩む。そういう意味で、宮本さんは筋が通ってますよね。女性暴力表現を公共空間で大々的にやるな、という一点で森美に抗議した。

　碧志摩メグだって当事者の海女さんが嫌がっているという文脈でダメになりましたが、別に海女さんが言わなくたってダメでしょう。行政のお金でエロをやる感覚は、この手の表現物や欲望に麻痺しているとしか言い様がない。

香山　会田誠のものを森美みたいなところでやるんじゃなくって、小さな閉ざされたギャラリーで展示するとしたらどうなんでしょう。

北原　いいんじゃないですか。私が会田誠さんの、女の子たちが大量にジューサーをかけられる作品を初めて観たのは、２００１年の横浜のトリエンナーレに草間彌生の作品を観に行った時でした。草間彌生の作品を観るために通らないといけないスペースに会田誠のジューサーの作品が展示されていました。怖くて、動けなくなったのを覚えています。

　そしてその後、美術家たちにこの話をしても、「あなたに痛みを与えたということは、作品がすごいんだ。会田さんは決して女性への暴力を肯定しているわけじゃない。こういう社会を批判的にあのような作品で描いているんだ」とか、そういう感じで。私がキャンキャン言えば言うほど芸術のわからない女にされていく。ああ、芸術評論って、負けが決まってるんだな〜って脱落しましたよね。

香山　でも北原さんは女性の痛みに対して本当に昔からちゃんと敏感ですよね。私はそれを当事者として感じるセンサーがない。すぐに社会的文脈で捉えてしまうのです。

北原　ちゃんと敏感？（笑）

香山　それはすごいですよね。どうして？

北原　でも、香山さんは会田誠の作品を観た時に痛みは感じませんでしたか？

香山　最初から制度として美術館の中にある作品を見て、自分への痛みを感じることはないですね。あー、これを美術と思うから。モートン・バートレットの作品もアートの本で見たので、そう見えちゃう。

北原　制度としての美術館って権力じゃないですか。そして何をどのように美術として選別するかというのは文化、空気そのものの延長上にあります。

香山　ＡＫＢ的なものとかね。

北原　そうそう、だから女への視線、という意味で言えば、碧志摩メグと会田誠は、一本の線でつながっているんです。

女の自己啓発と男の欲望の正当化

香山　たとえばアメコミではグラマラスな格好良い女が出てくる一方で、日本のアニメは幼女が活躍するものばかり。欧米では年を取った女性もオシャレで派手な服も着るし、男性もパートナーとして女性を大事にしている。それに比べて日本は若い女ばかり追い求める。こういった風潮はちょっと恥ずかしいんじゃないか、ということを男性側も言っていた時期があって、高橋真梨子のコンサートに無理して行って「こういう大人の女の歌を今こそ聴こうよ」みたいなことが盛り上がったりしていた（笑）。キョンキョンがキラキラボーイッシュな格好をしたりするのを、男が評価することが格好良いという空気。女の人も、コムデギャルソンを着たり、『ａｎ・ａｎ』ではモデルが真っ黒の口紅を塗ったりするような空気が、80年代の半ばくらいまではあったと思うんです。

でも、そんな空気を破るような、秋元康の罪があった。

北原　罪、大きいですよね！

香山　おニャン子クラブの頃から、「とは言っても、みんなが見たいのはセーラー服でしょ？　やっぱり若い女が良いじゃないか」みたいな身も蓋もないことでタブーに挑戦するような感じで、「本音を言うことは良いことなんだ」ということで人気を集めていったと思うんです。

北原　そう、そうなんです！

香山　私はとんねるずが好きで、「夕やけニャンニャン」を観るために大学の授業を休んで帰ったりしていたんです。「夕やけニャンニャン」は公開コンテストでメンバーが決まっていく過程も見せるから、視聴者側もプロデューサー感覚で「こないだは細い子がきたから、次はぽっちゃり系だよね」みたいに女の子を値踏みしながら観ていました。特に男性は欲望の対象として眺めつつ、客観的にどの子が次に選ばれるかを見ていく感じだったと思います。その前は「オールナイトフジ」の女子大生ですよね。でも80年代はおじさんに媚びるだけじゃなくて、女子大生だけどとんねるずとかおじさんにズバッと意見を言う賢い子も出たりしていました。
でも、ＡＫＢまでいくと、そういうところもなくなってしまった。女の子側も男の人に噛みついたりするより、「可愛い」と思われるほうがいいと思っている。努力すると言っても、与えられた圏内で歌や踊りを頑張ることですよね。そういう頑張る姿を見せて「健気だ」「この子をなんとかしたい」みたいな感情を湧かせる。

北原　やっぱりあの時代からなんですよね。

香山　それまではたとえば、アイドルがミニスカートを穿くようなものばかり追い求めるのは「ちょっと恥ずかしいんじゃない？」っていう空気はあったんです。だから明菜みたいなアイドルがいなくなって、ＡＫＢ的なローティーンの子が急に出てきて制服とか短いスカートを着せられたりしていたから、私は最初「これ、まずいんじゃないの？」と思ったんです。会田誠より、ＡＫＢの時のほうが気になりました。こんなものをやるのはいけないんじゃないかなって。「でもみんなが本当に見たいのはこれでしょ？」って言われたら、抗えなくなっちゃいましたよね。

北原　本音として出てきたのが秋元康だったんですね。

香山　人間って欲望のままに生きているわけじゃなくて、長い時間かけて「これはやってはいけない」とか積み上げてきたのに、それが一気に「やっぱり人間ってなんだかんだ差別しているよ」とかね。

北原　「差別はなくならないもんなんだよ」みたいなね。

香山　そうです。「やっぱり黒人と一緒にいたくないでしょ?」みたいな身も蓋もない言い方がされてしまう。元部落解放同盟で差別表現への糾弾を行ってきた小林健治さんが、部落差別も長い歴史があって理論武装してきたけど、最近は「だって皆さん穢多でしょ?」って、身も蓋もなく言われるそうなんです。「穢多を穢多って言って何が悪いんですか?」って。

北原　「本当の事でしょ?」ということですか?

香山　そうです。「あまりにむき出しの言い方に言い返すこともできない」と小林さんはおっしゃっていました。「キレイごとを言っても本当はこうなんだ」という言い方が今や……。

北原　なるほど、キレイごとを言っているほうを叩いている人たちは、でも、綺麗な側にいたがるんだよね。

香山　それが「タブーに挑戦している」「勇気がある」とかになり、そうじゃない人は「本当は若い女が好きなくせに格好つけて嘘ついている」とかになる。

北原　そういう言説が受け入れられる感じがあるのかな。『現代思想』で笙野頼子さん特集をした時、笙野頼子さんが、坂東眞砂子さんの子猫殺しを厳しく的確に批判していました。正確には坂東さんへの個人批判ではなく、その背景の言説批判です。坂東さんは生殖本能を奪うという理由で避妊手術をせず、生まれた子どもはすぐに崖から投げて殺す、というエッセーを発表したんです。こんなことは人間もずっとやってきた、昔は間引きをしてたし、現代のペットブームで、気軽に不妊手術するきれいごとに対する主張でもあった。あの時、「坂東さんは、人間の醜いところから目を背けてはいけないと言っている」と高く評価している人は少なくなかった。

それに対して笙野さんがキッパリ言ったんですよ、「これはネオリベだ」って。笙野さんは、子どもを間引きする時は祈りと共にある。宗教が必要だったと歴史的事実を語り、その上で、坂東さんは、きれいごとと批判しているが、自分の内面はきれいごとにしている、自分の性欲から目を背けていると。

香山　すごいですね。

北原　社会批判も人間批判もしているけど彼女には歴史もないし、さらに近代的な法の感覚もない。それが人間的な本能だと言っているけど、彼女は性欲でやっている。そこに目を向けないと。

香山　性的興奮を伴っているっていうこと?

北原　坂東さんの小説を読んだことあります？

香山　90年代まではありますよ。『死国』（マガジンハウス　1993）とか『狗神』（角川書店　1993）とか流行りましたし、伝奇ホラーとしては面白かったです。私はほんと、ホラーと言われればホラー、アートと言われればアートとして受け取っちゃうんですね。

北原　私、何冊かトライしていますが、気持ち悪くて読み進めるのが難しいんです。笙野さんは「うんざりして読ん」だそうです。「猫をエロ小道具にしたエロ短編」を書いているんです。猫を捨てる時は、そういう欲望に一切蓋をして、すっきりとした顔で「きれいごと」を批判する、そしてそれが「アナーキーな本音」だと評価される。そのような言論状況は、00年代にさらに深まっていったのかもしれない。

　秋元さんは、どうなんだろう。女子高生や若い女性に対する支配欲がだだ漏れしているように見えるけれど……。

香山　それってでも、性欲なんでしょうか。そこまで還元させてなくてもいいような気もするけど。「単純にマーケティングだよ」って、たぶん秋元さんは言うと思うんですよ。「だってこのほうが売れるから」って。

北原　村上隆さんと同じなんですね。

香山　で、逆に性欲でさえないというか。「いや、私たちビジネスとしてやっていますから」って。ヘイト本もそうです。ヘイト本を作る出版社に、なんでこんなものを作っているのか聞くと「自分たちも商売ですからね」という返答が多い。「自分にも子どももいるもんで」「食べていかなきゃいけないんで」とか。それが良いかどうか一時期ネットでも議論になりましたけど。

北原　へぇ。

香山　「お金だけ」というのも嘘もあるかもしれないし、「売れるから」というだけで説明できるものなのかな、って。

北原　いや、できないですよね。知人の話ですが、中学生の時に人気アイドルグループに入って、撮影だと思って行ったら中学生なのにボンデージの格好をさせられたというんです。でも「こんなの着たくない」と言っても「仕事だから」ってなる。それはもうAVと一緒だと思うんです。「頑張ったら有名になれる」「頑張ったら選挙で上位になれる」って言われると、ここで脱落できないような環境が作られて、しかも頑張ればそれなりに評価される心地良さもある。全ては自己責任。いったい誰の欲望が現実を動かしているんだろう……と不思議な気持ちになります。

香山　あの「頑張りました！」っていう考え方って何なんでしょう。

北原　望まないAV出演を強いられた女性たちのケースを聞いていると、撮影が終わった後に言語化できない悔しさで泣くことがあるそうなんですよね。するとそれは「よく頑張ったね」「初めてだとよくあることだよ」と、その涙を彼女が仕事を頑張ってやり終えた感極まった涙として受け止め鑑賞の対象にしてしまう。「頑張る」ことですら、誰の欲望なのかわからないんです

日本人のエロに対する寛容

北原　ふるさと納税PR動画で話題になった「うな子」[13]は衝撃でした。スクール水着姿の女性をプールの中で「育てる」物語で、彼女はウナギ。ナレーションでしか登場しない男の視線の中、ぬるぬるとペットボトルを上下にさすったり、無邪気にフラフープをして腰を回したりと性的に見られる振る舞いを繰り返す。そして成長したうな子はウナギの姿になって飛び出していくのだけど、その後すぐに「養って」と新しいスクール水着を着た女の子がプールに登場するというストーリー。

13：2016年9月21日に鹿児島県志布志市が公開したふるさと納税をPRするための動画「UNAKO」が大炎上。ウナギをスクール水着の美少女に擬人化してプールで育てていくというストーリーに大きな批判が集まった。

でも、うな子を性差別だと捉えられない人も少なくありませんでしたね。

香山　私、碧志摩メグもうな子も、大学の授業で触れたんです。女子学生でも、うな子のほうは「こんなのよくある。なんでダメなんですか」という感じで、メグのほうは「かわいい。私も好き」と言うんです。「あなたが男性の欲望の対象になったらどう思いますか」と聞くと、「私はこんなことしない」と。同じ女だからどうにかしなきゃっていう発想もあまりないんです。

北原　中村うさぎさんが「うな子が男だったらフェミニストはどう反応するんだ」というようなこと言ってましたね。そういうこと言われる人いますが、あまり意味のない議論だと思いました。「少女の水着姿」という記号がさんざんエロとして消費されていて、女の子が実際に拉致や暴力の被害者となっている現実を踏まえた上での抗議だから。こういう時、自分が感じられない痛みならスルーすればいいだけなのに、「うな子が男でも同じように怒るのか」と、怒る人を嘲笑し挑発せずにはいられない人が多いことにも驚きます。叩く相手が女でフェミだと、はりきる人も多いし。

そもそも、差別問題って、加害者と被害者を単純に入れ替えられないからこその問題なんですけどね。

香山　ネットの普及のせいで、日本的な未成熟な女性を欲望の対象にすることが世界中のオタクに求められてしまったとも言われていますよね。

北原　たしかに。たとえば「アヘガオ」とか、完全に国際的なエロ語として定着してしまったりなど、日本発信の幼女性愛ポルノファンタジーの影響力、大きいです。

先日沖縄で、スウェーデンのフェミニスト女性映画監督が撮った女性向けポルノの鑑賞会をやったんです。短編ばかり10本で、複雑なストーリーはなく、言葉もなく、突然セックスが始まるようなものが多いんですが、日本のAVとはずいぶん違っていて、たとえば終わりが射精でないこと、行為が激しくなくゆったりしていること、女性が始終リラックスしていることなどが印象に残りました。参加した方の感想の多くは、「全然興奮しない」というものでした。だけど、面白いのが、「興奮しないけど、なんか濡れる」という感じなんです。あ、その感じって、いいな、女のエロのヒントだな、って思ったんです。

一方、東京でサブカル好きな女性たちの間でやった鑑賞会では、同じ作品を見てもらったのに、ものすごく評判が悪かった。「全く興奮できない」「オナニーできない」「こんなのじゃお金出したくない」という意見が多くて、感想が全然違ったんです。

香山　女性が？

北原　ええ。「興奮しない。いつも見てる二次元のアニメのほうがいい。こんなのエロじゃない」と。この違いは何だろうなと思っていたんですが、たぶん東京のサブカルグループの女性たちのほうが、エロを見慣れていたんですよね。

ただそのエロとは、男性のペニスがギンって勃起するような状態、非日常な興奮状態をエロとして認識しているんじゃないかな、と。人権侵害が行われていないとエロとして認識できないような回路が根付いているというか。女の子が実験道具のように扱われ、彼女の反応次第で男が興奮し、はぁはぁ言いながらバイブをガンガン当てられたりしたら「エロ」だけど、スウェーデンのフェミがつくったポルノのように、女も男も笑いながら日だまりの中で美しいガーデンなんかで優雅なセックスをしていると「興奮しない」＝「エロじゃない」となる。でも、そもそもエロって「興奮」することだったのかな？　と逆に気がつかされたんです。激しく勃起することじゃなく、じっくり濡れるような感じがエロだったらいいのにな、人権侵害あったら乾くんだけどな〜、とか。

香山　ちょっとした想像力を働かせて、たとえば「この子がこの帯を取ったら」……とか。

北原　そうそう。そういう優しいエロスが、私たちの社会に見出せないような気持ちになるんです。碧志摩メグの孕む暴力性とか、性差別的なまなざしにあまりにも慣れてしまっている状況が怖い。

香山　これにエロを感じることが「性的なまなざし」と言われたり。まなざしなんてものは抽象的で主観的なものだから、「そういう目で見るからだ」なんて言われてしまったりする。

北原　ああ、たしかに。私の視線が歪んでるから碧志摩メグがエロく見える、ということなんですね。違うって！（笑）

香山　「そういうまなざしを持った人のほうがいやらしいんだ」って（笑）。それはさしくＡＫＢも同じで、ＡＫＢ自体は裸になるわけでもなく、大学の卒論でもＡＫＢについて書いてくる女子学生がいるくらいなんですが、その理由を聞くと「すごく好きなんです！　ずっと応援している子がいて、すごく頑張っている子なんです！　指原さんだってすごく綺麗なわけでもなくて普通の子なのに、あんなに頑張っているんです！」なんて言っている。「それは表面的な見せ方に騙されていて、あなたのほうがよっぽど頑張っているし努力もしているのに？」と言うと、「そんなことありません！　私知っています。ドキュメンタリーで見ました！」とか言う（笑）。「でも彼女たちは男の人の欲望の対象なんじゃないの？」と言うと、「そんな言い方しなくても良いと思います！」とか言って。

北原　こっちの見方が汚いと思われるんですよね。

香山　そうなんです。それで、「可愛いし服も参考になるし」なんて言っている。

北原　ＡＫＢがエロに見えないのも、この行政の萌えキャラがエロに見えないのも、どれだけ日常が悲惨でエロが溢れているかという証拠だと思うんですよね。エログッズとかエロＤＶＤを見慣れている人ほどこれがエロに見えなくて、見たくない側の人たちが見るとエロに見えるわけだから、私たちの見方が歪んでいるというよりは、軸がズレてるんでしょう。

香山　ＡＫＢを見て、歌が好きとか誰々がかわいいといった感想は良いけれど、それこそ12、13歳の女の子目当てにおじさんが握手をしに行くような状況はマズいと思う。でも、マズいと思っていても、「私とは関係ない」「ＡＫＢは否定はできない」という態度をとって、日本人は社会を変えるとか制度を変えるという方向に向かない。

北原　男らしくない社会に変えていきたいですよね。そうしないと、やはり生きづらい。やっぱり女の子がこれだけ委縮している社会はおかしいと思う。自分たちの性がこれほど貶められることに、無痛でいる必要ないと思う。怒っていい。怒る女を社会は叩くけど、怒る女が増えればいい話だし。

香山　森友学園の問題だって、本来は関係ない辻元清美さんがすごく叩かれましたよね。

北原　辻元さんを目の敵にする人は多いけれど、別に辻元さんの政策や人柄を知っているわけじゃない。「辻元さん的」なもの言う女に対する苛立ちをぶつけているだけですよね。

香山　いちばんひどいのは安倍（総理）なわけでしょう。

北原　ほんとですよね。安倍が率先して態度悪かったですね。

香山　ネットのニュース速報で、465くらいスレッドが立っていたんです。全くのデマなのに「やっぱりな」とかいろんなことを書いている人が本当にたくさんいる。46万5000人全員が書いているとは思わないし、書いた人も途中でデマだってわかったと思うんですが、それでも自分を納得させてくれた物語を手放したくないということですよね。足立康史さんという日本維新の会の政治家も「森友学園は、結局は正体は辻元問題だった」ってツイッターに書いていたんですよ。

北原　あはははは！（笑）

香山　もう意味不明でしょ？（笑）　辻元さんを叩きたいあまりに、自分の論理的矛盾が全く気にならなくて、倫理どころか論理もない。だから、なんとなく自分を納得させてくれる、腑に落としてくれるものがあったら、それがデマであろうとなんであろうといい、感情的に納得させてくれたらそれが真実でなくてもいい、ってことなんでしょうね。「全ては辻元さんが悪かったんだよ」と言われて、「あ、なるほど！　やっぱりあいつか」みたいな。

北原　「なるほど！」にならないでしょう（笑）。

香山　そして辻元さんが悪いということを肉付けるためのいろんな断片を繋ぎ合わせて、「ほらね！」って作り上げるのはお手の物ですよね。

北原　いや〜、恐ろしい。

香山　辻元さんって、何かの象徴ですよね。

北原　ミソジニーな男をあぶりだしますね。

AV出演強要問題

北原　2015年、AV出演を拒否した女性に、プロダクションが2460万円の損害賠償を求めた民事裁判の判決が出ました。結果は〝被告〟、つまり被害女性が勝訴しました。この裁判は、「AV出演強要問題」として広く報道され、AVというものへの社会的関心を一気に集めるきっかけとなりました。

おそらくこのようなことはこれまでであり、多くの女性が泣き寝入りしてきた可能性がありますよね。そういう中で、彼女が諦めずに戦えたのは、当然、支援者になる人がいたからです。AVに出たくないという彼女に、じゃあ違約金を払えとプロダクションが脅し、困り果てた彼女がネットでたどりついたのが「ポルノ被害と性暴力を考える会」（PAPS）でした。

PAPSという団体は、2009年に社会福祉士、研究者、市民運動家によってつくられたんです。そのきっかけとなったのは、07年に理論社という出版社から出された青少年向けシリーズ「よりみちパン！セ」で、AV監督のバクシーシ山下が性をテーマに執筆したことです。

バクシーシ山下の「女犯」シリーズは、今も私、トラウマになっているのだけど、女性が複数の男性に暴行され、吐瀉物を顔に吐きかけられ、便器に顔を突っ込まれたりなど、女優が事前に聞かされていない暴行の「リアルな反応」を淡々とカメラが追いかけるものでした。女優の泣き叫ぶ声とか、本当に怖かったのだけど、驚いたのは絶賛する人がとても多かったこと。まるであいう映像が人間の闇や真実を捉えているかのように評価してましたね。

そういう中で、ＡＶ産業に女たちが巻き込まれていることに最初に気がついて、危機感を持って声をあげたのが「ポルノ被害と性暴力を考える会」を設立したソーシャルワーカーたちだったんです。結論を言えば、本は出版されたし、「女犯」はネットで今も買える状況になっている。それでも、彼女たちは短い期間で1万名もの署名を集めたんですって。ソーシャルワーカーの方々には、ポルノや性暴力に人生を破壊された女性が現実にいるってことが、現実に見えていたんですよね。日々、困難を抱えている女性を支援しているわけだから。

ＰＡＰＳは理論社への抗議と署名を集めたことをきっかけに２００９年に立ち上げ、２０１４年にＨＰ上に「相談してください」とＡＶ被害者に呼びかけ、相談事業を始めたんです。そこに連絡をしてきたのが、プロダクションから訴えられた女性だったんです。だから、最初に「被害者が目の前にいた」のではなく、「声をあげられない被害者がきっといる」という支援団体の確信から始まったのが、このＡＶ出演強要問題なんですよね。

私、この話を聞いて、とても「慰安婦」問題と似ていると思ったんです。「慰安婦」だってずっとみんなあることを知っていた。それでもまさか被害者が出てくるとは思わなかった。だけれど、韓国の女性運動団体が、「慰安婦」や、キーセン観光、米軍向けの性売買など、性の問題を解決していこうと80年代に運動を始めたんですよね。被害当事者がいたわけじゃない、だけど「話して下さる方はいませんか？」と探していたら、金学順さんが名乗り出てくれた。そして記者会見を開くことになったんです。

当初、周囲は被害当事者がカメラの前に出ることなど、考えてもいなかった。それが金学順さんご自身が、「話させてくれ。このために神様に活かされてきたと思う」とおっしゃり行われたのが、１９９１年の8月14日なんですよね。被害者が声をあげた歴史的な一歩で、この日を国連の記念日にしたいと、今、多くの女性団体が国際的に動いています。

金学順さんが声をあげたことで、次々に声をあげる人が出てきた。「あんな（表に出るような）こと私にはできない」と思っていた人たちが少しずつ声をあげていったんです。

どういうことかといえば、ＡＶが始まった80年代後半から私たちは当たり前のようにＡＶがある世界で生きてきたけれども、実は背後にいた巨大な産業に被害者はいました。だけど、社会に「聞く体制」がなければ、被害を受けた人は声をあげることができない。社会全体が加害側に加わっているような空気の中では、被害は被害として認識されない。やっぱり声を受け止める側が成熟していないと無理なんです。だから日本のＡＶの被害者が声をあげられるまでに、ＡＶが一般に流通するようになってから30年以上もかかったということなんだと思いました。

香山　そうですよね。ヘイトスピーチも法務省で電話相談窓口ができましたが、受け手が全然なっていなくて、「あなたにも問題があるんじゃないですか？」なんて被害者を責めるようなことを言ってしまった、ということで問題になりました。今は改善されたようですが。

北原　ひどいですね。

香山　当時は「差別されて電話で相談したら、さらに理解されず責められて二重の苦しみだ」ということが新聞にも出ていましたが、ひどいですよね。

北原　そういうことの厚みをつけていかなければいけないんだけど、なかなか日本のフェミニストだとＡＶの問題を理解できなくて、表現の問題だと思ってしまうんですよね。それこそ、「欲望は取り締まれません」なんて言って表現の問題にされてしまうと、被害の本質が見えなくなってしまって、結局ＡＶの中で殺されてしまうということも起きる。

２００４年のバッキー事件って知っていますか？

香山　知らないです。

北原　肛門セックスとか子宮破壊がテーマのＡＶで、激しくバイブを入れられたら大腸が破けて重体になってしまったんです。幸い命はとりとめたんだけど、その女優さんは一生人工肛門になりました。そのプロダクションの人が何人か逮捕されて、刑期は18年だったのでまだ刑務所にいるんですが、制作者や関係者が逮捕された事例ってほとんどないんです。

でも表沙汰にならないだけで、そういうことは結構起きているんじゃないのかとも言われています。そもそもＡＶに出演することを周囲に秘密にしていたら被害を訴えることも躊躇してしまうでしょう。やはり被害者が出てきた以上、その声に向き合わなくちゃ、と思います。簡単に表現の問題で切り捨ててはいけないと思うんですよね。

香山　「ＡＶで発散しているから現実の犯罪を抑止しているんだ」ってよく言うじゃないですか。でも、ＡＶの中で犯罪が起きているわけですからね。

北原　まるで自分たちがレイプしないためにＡＶ作ってやってんだ、みたいな言い方ですよね。でもそれって「慰安婦」問題と同じ理屈だから。

香山　「男性の欲望は仕方ないものなんだ、性欲はどこかで発散しなければいけないんだ」みたいなね。

北原　そんなに辛いんだったら治療しろよって思いますよね。男の人の性欲がどのくらいかわからないんですが、でも結局女の人に対する搾取によって産業が成り立っているんだから、ちゃんと考え直してほしい。佐藤優さんにすすめられて『闇金ウシジマくん』を読み始めちゃったんだけど、読みますか？

香山　ウシジマくん、超好みなんですよ（笑）。学生にも社会を知りたいならこれを読め、と薦めています。

北原　あの漫画、本筋とは関係ないんだけれど男の人が暇になるとだいたいオナニーするんですよね（笑）。気分転換とか暇な時とかに。そのくらいの、気軽な日常ですよね、オナニーってと思います。そんな気軽なものに、女性を暴力的に支配するようなファンタジーや、ものすごい非日常感のある刺激的な作品を、男の人自身、どれくらい求めているんだろう。そしてそんなたいしたことないオナニーのために、なんで人生をかけて苦しむような思いをしなければいけない女性がいるんだろう。苦しむ女性が少しでも減るために、何ができるかを社会が考えていかなきゃいけない問題ですよ。

3

日本のセックスレス

アッキーは「暇な奥さま」

香山　セックスレスは暴力ではないんだけど、もし片方がそういう関係を望んでいるとしたら、それはやはりネグレクトや虐待の関係に近いと思います。特に診察室には、女性でパートナーとのセックスレスが悩みの根底にある、という人、多いのですよ。

北原　私もそう思います。セックスレスってお互いがやりたくないならまだいいけど、「妻なんて女として見られないよ」と平気で人前で言ったりするような文化は、ある種の暴力だなと思います。セックスレスって〝凪〟というイメージがあると思うんですけど、凪じゃないです。心の中が荒れている人がいっぱいいる。やっぱり、女の人が性的なことを言うことに対しての嫌悪があるのかな。

香山　前に、みのりさんが「東方神起のライブに行くと官能的な興奮がある」って言っていました。ああ、そうなのかって思ったんですけど、みのりさんは女の人は何歳になっても官能は必要だと思う？

北原　欲しいですよ〜！　夫婦の間に官能がない前提で生きているのが日本の置かれている状況で、それはどういうことなんだろうと思います。それを「女として見られない」「女として終わった」とか薄っぺらい言葉でしか表現されてこなかったんですよね。

香山　そうですよね。特に既婚で子どもを産んだ女性が、セックスのにおいを漂わせていること自体、不潔と思われる雰囲気さえある。夫が冗談交じりに「家庭にセックスは持ち込むな」と言ったり、「母なのにそんな露出の多い服を着るなんて」とたしなめられたり。何が原因でこんなことになっちゃったんでしょうか。そのあたり、家庭からセックスが消えていった過程や歴史、全然不勉強なんですが。

北原　安倍昭恵さんが何かと話題ですが、アッキーっていろんな象徴だなと思うんです。

香山　そうですね。かつては雅子さまがいろんな意味で日本のその時代の女性の象徴だったけど。雅子さまは、皇太子が女として大事にしている感じがありますよね。

北原　そうそうそう。

香山　「私のきれいな雅子」みたいな。

北原　皇太子は雅子さんを追いかけている感がずっとありますよね。雅子さんは女の不幸、家制度の不幸の象徴かもしれないけれど、それでもそこに皇太子の愛はある。

香山　「天皇家として恥ずかしい」とか絶対言わないじゃないですか。必ず、「雅子は」「雅子は」って。

北原　そう。雅子さんはキャリアを目指す女の象徴で、紀子さんは裏番長的な感じですが、昭恵さんの生き方ってよくわからないんです。わからないんだけど、日本の夫婦関係と女の置かれている状況の象徴っていう感じがするんですよ。

香山　します、します。

北原　これはジャーナリストで前衆議院議員の井戸まさえさんが言ってたことなんですが、「昭恵さん自身は私人だから権力はないけれども、根拠のない権力に支えられて生きてきた人だ」って。「私は権力なんか使っていません」って言っているけど、権力を使っていることすら理解せずに、お父さんや夫からもらった実体のない権力を振りまいている。だけど、政治家にはなれないし、発言権のある人にもなれない。

香山　こう言っちゃなんですが、母にもなれなかったわけで。私も子どもがおらず、母になれなかった女なので、これは決して侮蔑的な意味で言っているのではないのですが。

昭恵さんは1962年生まれですよね。60年生まれの私と63年生まれの雅子さまのちょうど間の年なんですよ。彼女は聖心女子学院の高等科を卒業して聖心女子専門学校というういわゆる専門学校に進み、大学には行っていないのですが、社会に出る時には男女雇用機会均等法の始まりの時代で、決してもう「良妻賢母」だけが生きる道じゃない時代だったはずですよね。でも、女性のイベントで「そういう教育を受けてきたから、夫を立てて生きるものだと思っていました」と言ったりしている。なんか時代をキャッチアップできていないというか、世の中と関係のない世界で生きていてメディアにもあまり関心なかった、ということかもしれませんね。

北原　でもそれは本気で言っているんですかね?

香山　どうなんでしょうか。時代がどうなっているかにあまり関心なかったんじゃないかなと思いますが。

北原　わからないんですよね、どのくらい本気なのか。底知れない闇を感じますよ(笑)。知的じゃないし、むしろ空虚。でもその空虚さが、決して日本の女が抱えているものと無縁じゃないというか。

香山　自分の周りにブランドだけは一流のものが揃っていて、聖心の専門学校時代に東大の広告研究会に入っているんですよね。

北原　卒業後は電通に入ってるし。その世代の女性たちが憧れる記号は全て持っているのに、というか、持っているからこそなのかもしれないけど、空っぽの印象が強いです。

　昭恵さんも、少し前まで韓流好きで知られていたじゃないですか。だけど周りに何か言われたのか、ある時期から一切韓流のこと言わなくなった。普通、そういう圧力を受ける女性には同情しちゃうんだけど、昭恵さんには全く同情できない。たぶんそれは、昭恵さん自身が、痛みも、そして自分への責任も、何も感じないように見えるからかもしれない。

　だけどあの人はなんであんなに人気があったんですか。交友関係も広くて、わりといろんなところに呼ばれていったじゃないですか。芸能人や文化人から政治家までとんでもない数の人と会ってきている。

香山　どうしてその人たちの付き合いで何かが培われなかったんでしょうね。ちょっとキツい言い方ですがブラックホールみたいな感じですよね。

北原　その空っぽさ、虚しさってどういうことなんでしょう。

香山　こう言ったら酷いかもしれないけど、積極的にメディアから情報を取ることもなく、仕事や子育てで社会と接点を持たずにただ実家に庇護されて育ち、そのステイタスを保たせてくれるような男と結婚すると、女ってああなっちゃうのかな、何も積み上げられないのかな、と思わざるを得ない。

北原　暇、ということ？

香山　もうずいぶん昔ですが、アジアのある都市に、在留の婦人の会主催の講演会に呼んでいただいて行ったら、彼女たちは自分たちを「チューズマーズ（駐在員の妻、の意味）」ってちょっと自嘲的に自称してました。毎日、暇で退屈してるのよ、と言って日がなポーカーをしていると話してくれました。こちらから見ると、いろんなものやチャンスを持っているのにもったいないな、という感じですね。

北原　アッキーと安倍さんとは似たもの夫婦だけど、お互いにコンプレックスを刺激し合わない関係なんだろうなって思う。

香山　そうですね。アッキーも夫に「そんなことも知らないの？」ってきっと言わないと思う。

北原　お互いに、ちょうどいい、って感じなんですよね。でも、安倍洋子さんは「自分が男だったら」という悔しさを知っている人ですよね。それはアッキーにはない感性。

香山　そうですね。ある意味、幸せなのかな。いや、せっかく現代に生きてるのに、「もし別の性を生きてたら」と思ったり性別にとらわれずに生きてみたい、と思ったりしないのはやっぱり不自然。

北原　「私が男だったら、こうするのに！」みたいな悔しさを一切感じないのも含めて、共感しにくいんだけど……人気がある。

香山　インタビューにはよく出ていましたよね。

北原　スプツニ子！さんとか、古市憲寿さんとか、駒崎弘樹さんとか、へぇここにも手を伸ばすんだね、って思う幅広い人脈ですよね。香山さん、呼ばれたら行きました？

香山　いや、断ったんです。アッキー本人からじゃなくて、一緒に講師のキャスティングをしているという人から声がかかったんです。その人に「昭恵さんはご存知か知りませんが、私はご主人様にも不興を買っているような人間で、そこに登場するのは相応しくないと思います」みたいな、いま思うと慇懃無礼な言い方で断ったんだけど。

北原　でもそういう人に声をかけることがすごいですよね。

香山　私もびっくりしたんです。知らなかったのかな。たまに保守的な人から、「呼んでさらし者にしてやろう」みたいな依頼もあるけど、それとは違う感じだった。

北原　そうなんですね。ねっとりと壊していきますよね。

香山　『週刊現代』に書いてあったんですが、天皇皇后がベトナムに行く際にお見送りがあって、皇后が昭恵さんに「頑張ってくださいね」と言ったら「守ってくださってる！」って泣き出したそうなんです。たぶん皇后は森友問題とかじゃなくて一般論として言っただけなのに、昭恵さんは「森友のことで励まされた！」と思って、お見送りの時は手をちぎれんばかりに振ったっていう、ちょっと情けない話が書いてあった（笑）。

北原　被害者意識があるんですね〜、笑える。安倍洋子さんはどんなふうに彼女を見ているんだろう。家の中が殺伐としているんじゃないかと、勝手に思ってます。洋子さんは父親の岸信介にとてもよく似ていますね。父の影を背負って生きてきた方だと思います。洋子さんが執筆した『わたしの安倍晋太郎―岸信介の娘として』（ネスコ1992）という本って、タイトルが変。

香山　夫の話はしないんですか？

北原　夫がタイトルになっているのに、父と自分の話ばっかりなんです。というか、夫が亡くなるところから始まりますから。しかも「総理目前に！」というところを強調。その「目前に！」という感じの悔しさがにじむんですよね。総理の娘、総理の母になれたけど、妻にはなれなかった、というか自分が男だったら総理大臣だったのに、という思いも書かれはしないけど伝わる。だから完璧な妻でない昭恵さんへの苛立ち、あるだろうなと思います。

でも、昭恵さんが日本の女の象徴になっているというのは面白いですよね。私はとにかく昭恵さんからは不幸な感じしかしないんです。昭恵さんを見ていると、女の人がいかに発言する場所から排除されて生きているかを突きつけられている気がします。

香山　そうですね。どんなに喋っても「私人だ」ということで片付けられて、公式発言さえないってことになっちゃったわけですもんね。

北原　一方で、排除されなかった女の姿が稲田朋美とか小池百合子だったりすると、「ここに行きたい」という女の人はいるんだろうかと思ってしまう。対・男としての女であって、発言権を得たりのし上がって行ったりするモデルしかないんです。

香山　たとえば、美智子さまは空虚ではない？

北原　苦しそうだなとは思うけど、美智子さまからは必死さを感じますよね。アッキーがやってきたことって、「暇だから」っていう感じなんですよね。

香山　さっきの「チューズマーズ」みたいなね。

北原　「暇だから」っていう感じと、排除され続けた結果の感じ、両方。

香山　私の母親もわりとそれに近いんですが、かつて暇な奥さんはお花やお茶をやっていましたよね。どちらも良いシステムで、免許が次々とあってステップアップした感が味わえる。

北原　そうか、目標があるんですね。

香山　ええ。少しずつ上り詰めていく。でも上り詰めていった先には別に何にもなくて、よく考えたら空虚なんです。それで食べていくわけでも何でもないから。でも「もう少し頑張れば免許が取れる！」とか、それで充実している感じが味わえる仕組みだったりする。時々、展覧会とか人が集まるお茶会とかがあって、これらは暇な奥さんを回収する良い仕組みだったんだなって今になって思います。

北原　アッキーは、〝暇な奥さま〟だったのか。

香山　まあ暇な奥さんを蔑視するつもりはないんですが、でも昔だったらたとえば教会の婦人会は、暇な主婦に支えられて奉仕活動をやっていました。老人ホームのオムツ交換の支援とかホームレスに炊き出しを配るとか、そういう社会性に目覚めた人はそっちに行くし、そうではないマダム的な人は従来あるようなステップアップしていく習い事をやっていくわけですよね。

でも、それが90年代に『ＶＥＲＹ』（光文社）みたいな雑誌が出てくる。今や働くママの雑誌ですが、最初に出てきた時、あれに出てくる幸せなロールモデルが「家でサロンを開いている主婦」でした。

北原　そうでしたよね。

香山　ティーサロンとか手芸とか。でもそういうサロンをやっている人が言うには、「今や生徒よりも講師の資格を持っている人のほうが多くて、過当競争だ」と。資格を取らせるための教室もあって、カラーセラピストとかそういうのは無限にあるんです。でも、一回ぐらいは皆「こんなことやりまーす」って言うと生徒さんも来てくれるけど、そんなに継続的に来られないし、本人も飽きるから、もし継続的にやろうとすると必死にやらなきゃいけない。でもそういうのはやりたくないと。

一時期は、そういう人たちが韓流とかに回収されたんですかね？

北原　アッキーの韓流好きにつながりますね。

香山　私も以前、患者さんの半数は専業主婦、という感じのクリニックでしばらくの間、働いたことがあります。個人情報に触れない範囲でお話しすると、中には医学的には病気とは言えない人も多かったです。経済力もあるから、仕事をする必要もない。ただ溢れるぐらいにお金があるわけではないから、贅沢三昧はできない。そういう女性たちが、「先生、私って何のために生きているんでしょうか」って、哲学的な、形而上学的なことを言い出すわけです！（笑）

北原　そうなると思う。

香山　でも皆さんそれなりに高学歴でいろんな本も読んで知識もあるから、質問もそれなりに難しく、「生きる意味とは」なんて私も結構考えてしまうんです。

北原　そうなると、もう夫と話が合いませんよね。

香山　そう。意識が高すぎるんです。

北原　しかも夫は何十年前の頭で会社組織の中で女の人を見下している習慣を身につけてしまっているから、家庭内意識の格差が開いていくんですよね。

私の母はここ20年くらい英会話を習っているんですが、そこでは同年代の女の人も多いそうなんですね。そこで出会う女性たちの話は日本の家庭の縮図のようで面白いです。「ここに来ていることは夫に内緒なの」という70代の女性がいるそうです。言うとバカにされるし、お金のことを言われるので嫌なんだそうです。「お前なんかが英語の勉強をして何になるんだ」とか、これまでの経験から夫との会話の二、三フレーズ先まで読めるから用件以外の会話をしたくないんですよね。その気持ち、ああ、わかる～！　という女性、少なくないんじゃないかな。

香山　これは言っていいかわからないですが、専業主婦は今を生きる女性をダメにするシステムだなとつくづく思います。

北原　その象徴であるアッキーに、私たち苦しめられてるんですものね。

香山　もちろん、家事が好きでたまらない、という人はよいのですが、「私は働かなくても夫の稼ぎで十分、食べられるのよ」というステイタスとしての専業主婦。専業主婦をする必要がないのに、そのステイタスを手に入れるためだけにそうなっている人にとっては、自分のせっかく持ってる能力や社会性を無理やり封じ込めなければならないシステムだと思うんですよね。

私、女子学生に「とにかく仕事を辞めることになっても良いから、10年くらいはやりなさい」って言っているんです。もし出産などで仕事を辞めて、次に仕事をする時に「ああ、仕事ってこんなんだったな」って記憶があると、だいたいできますから。

私が今見ている専業主婦の人って、学校を卒業してすぐ結婚した人はそんなにいなくて、1、2年くらい勤めて辞めて専業主婦になった方が多い。そうすると、45歳とか50歳くらいになって子育ての手が離れて再就職というと、何も職がないんです。「仕事でもしようかなって思って」とか言う人がいるんですけど、スキルもないし年齢も50歳超えてるから現実的にハローワークを見ても清掃くらいしかないんですよ。

でもそんなことはしたくない。どんなことがしたいかと言うと、「翻訳とか、英語の字幕を付けるとか～」って言うんです。小説家よりも脚本家を目指す人も多いですね。ドラマもたくさん見ているから、セリフを考えるということはできそうって思うみたいで（笑）。

北原　実際に、小説学校に行って新人賞取ってデビューした人もいますね。

香山　たまに、そうやって遅咲きでデビューする人もいるじゃないですか。そうすると、「こういう人だってできたんだから」と思うみたい。

こういうこと言うとあれだけど、食べるために必死に飲食店でも何でも頑張って働いて、「今日はどんぶり100杯洗ったぞ！」みたいなほうが、よっぽど充実しているというか、「よく働いた！」という清々しい気持ちになりそうですけどね（笑）。

北原　女の人が働き続けられないようなシステムになっていますよね。葛藤し続け諦める、という選択を女は女故に男よりも強いられてる。

香山　アメリカでも、ハーバード大卒だけど主婦になるみたいな本が売れましたね。『ハウスワイフ2・0』（文藝春秋 2014）というんでしたっけ。

北原　良い大学を出て専業主婦になるって、アメリカでは本になるようなことなんですね。日本ではよくあることだけど。

香山　私の患者さんでも、専業主婦として社会から排除されていたけどSNSを始めたら自分のアドバイスに「助かりました！」という反応が来て、それがもう嬉しくてSNS依存になって大変という人が来ますよ。だからそういう人には「土いじりをしなさい」とか言います。耕すというのも良いですから。

北原　たしかに一次産業、良さそう。私も時々やりたくなる！　というかアッキーも、農業していますね……。

村上春樹作品と都合の良い妻

香山　村上春樹の『騎士団長殺し』（新潮社　2017）って読みました？

北原　読んでません。

香山　本の内容をひとことで言うと、主人公は36歳で10歳上の妻のもとから追い出されて、9カ月間別居していて、その後元サヤに収まるという話なんです。その9カ月間、ガールフレンドという40代の人妻が家に来てセックスする。その人妻は夫とはセックスレスで、私はその女性より10歳くらい年上だと思いますが、登場する中ではいちばん年齢が近い女性なので気になってた。でも話がちょうど解決してきて元サヤに収まりそうな時になって、「こんな関係はやめたほうがいいと思うの」と自分から言って、人妻は去っていく（笑）。「なんてオトコに都合が良いんだろう！」と思ったのがひとつあります。
あと、夫は追い出されている9カ月間、「この女とは週に何回も濃厚なセックスをした」とか書いてあるんですが、妻のことはずっと好きなままで、その人妻とセックスしている時も妻のことは頭のどこかにある、と。そういうことで折り合いをつけているというんです。そんなのは妻にも人妻にも失礼です。
また妻のところに戻ってからは、人妻とのことはおくびにも出さず、すごく幸せに暮らしています。人間、そんなことができるもんなのかなあって思ってしまった。こんなふうに女の人が割り切って、「夫とはセックスレスだからそういう関係はあなたとエンジョイしたい」みたいなことを言って、人間関係が変わったら「もうやめましょう」と去っていくなんて、こんな人いるものかしらって。

北原　村上さんの描く女性って、リアリティがないから。いねぇよ、そんな女！　というような女ばかりです。

香山　誰かと話していた時に、村上春樹は『ノルウェイの森』以降は読んでないと。理由は、「男に都合のいい女ばかりが出てくるから」って（笑）。

北原　同感です。

「女が許す」ことで成り立つ秋元康の世界

香山　「愛情はあるけど疲れていて君とはできていない。でも大切な家族だと思っている」みたいな話し合いがないまま、ずっとセックスがなくて、でも夫から嫌われているわけでもなく「私ってなんなんだろう」みたいに思っている女性たちがいる。家庭においてなんの暴力を受けているわけでもないけど、ずっとセックスレスのままでも、それがなんの差別だとかいう言語化もできない。週に1回セックスをするという条例とか法律を作るわけにもいかないし（笑）。

北原　ないでしょ〜（笑）。

香山　それは心の問題、家庭の問題だとされて、この状況を誰のせいでどう変えるのかというのは、果てしなく闇の中ですね。

北原　そう、果てしないんです。

香山　40代、50代の既婚女性が患者さんとして診察室に来たら、私は夫婦生活、つまりセックスについても聞くようにしています。すると、「そういうのは本当にない」という人が多いんですよ。もちろん彼女たちが訴えている「気持ちが落ち込む」「生きている価値が見出せない」という訴えとどう繫がっているかは私もわからないし、たくさんセックスをしている人がそうならないという統計を取ったわけでもないんですが、直感的には、どこかで連続性があるような気がするんですよね。

「結局セックスが不足しているだけか」って受け止められると、それは違うんですが、排除されて、仕事がなくて、子どもがいるから親ではあるけど、「自分が何者であるか」がなんとなくわからない。仕事があれば良いわけでもないんでしょうが、夫からも「誰」として見られているのかわからない、どこに自分が立っているのかわからない感じに繫がっている気がするんですよね。

北原　本当にそうですね。秋元康原作の『象の背中』（２００７）という映画を今思い出したんですが、役所広司扮するガンを患っている男が主人公の話なんです。彼には、自分以外が全部風景に見える。役所広司は出世したサラリーマンで、今井美樹扮する妻がいて、さらに井川遥演じる愛人がいるんです。そして治療で余命宣告受けた後は「俺は俺らしく死にたい」とか言ってすぐにホスピスに入ります。ホスピスに入っているると井川遥が訪ねてきて、で、今井美樹が気を利かせて時間をつくってあげるんですよね。全てが美しくて女の人は嫉妬もしないし、死にゆく男をみんなが見守っていくという話でした。何が描かれているのか、さっぱりわからない話でしたが、男の人にとっての憧れの死に方だったのかもしれませんね。

とにかく、男が心安らかに死ぬためには、女が許すことが前提なんです。ここで許さなかったら彼の死の物語が壊れるんです。「俺らしく死にたかった」から（笑）。あの映画を見て思ったのは、家庭の平和は女の沈黙で成立してきたんだな、と。女が沈黙を破ったら、男の安寧が壊れるのかもしれないですね。だから女は黙ってやり過ごして会話も喧嘩にならないようにして、「UZU」巻くしかないよね（笑）。あ、アッキーのお店の名をぱくってみました。

女性にしかわからない性的な恐怖

香山　セックスカウンセラーのキム・ミョンガンさんがやっているセックスレスキューってどう思いますか？　男の人のチームがあって、性の奉仕をする「せい奉仕隊」というのをやっているんです。女性へのセックスボランティアです。

北原　「家庭の中でセックスしない」という言葉の背景には、「外でしています」ということを前提にしているわけです。もちろん男性だけでなく、女性にもそう言う人はいるけれど、最近の不倫報道が女性により厳しいのを見ると、男性の婚外セックスにはとても甘い風潮がありますよね。

これって、どのくらい日本の「文化」や「歴史」と関係があることなんでしょう。最近、明治時代の頃の女性運動について調べているのですが、蓄妾制度にどれだけ女性たちが苦しんできたか。命まるごと夫に依存するしかない結婚制度を生き抜くために、男たちの好き放題を黙ってみているしかなかったわけですよね。福沢諭吉だって、人の上に人をつくらずとか言ってるけど、息子たちには高い教育を与えるのに、娘は小学校しか行かせなかった。社会でも、家でも、女は人間扱いされてませんでしたよね。一方、日本の近代化にとって、女の地位というのは、男たちを悩ませる種ではあったわけですよね。いっぱしの近代国家として世界で振る舞いたい、だけど、男にとって都合の良い公娼制度や蓄妾制度はなるべく維持したい……と。

結局日本の近代化って、いかに女を黙らせ、決定権の現場から排除し、ものを言わせない制度をつくるかということがとても重要だったと思うんです。なぜ、そのようなマッチョなことになったのか、わかりませんが。儒教の影響かどうかもわからない。
香山　儒教のどこに書かれているかもわからないですね。でも男の人で、年配なのにマッチョじゃない人もいるじゃないですか。
北原　はい。
香山　だから別に世代の問題でも、クリスチャンかどうかといった問題でもなさそう。日本の男の人で、そういうのはどこで決定されるんですかね。
北原　女にだけ見える世界への想像力がある男性に育てられるかどうかなんでしょうね。うちの会社って、1日に1、2件くらい、性的な電話がかかってくるんです。
香山　男？
北原　男です。先日、ものすごくしつこく同じ男性からはぁはぁ言ってる電話がかかってき続けたので、たまたま会社に来ていた男性の税理士さんに電話に出てもらったら、一発、見事に一発でかからなくなりました。男性も性的な被害に遭っている人はいるけれど、そういう被害に日常的に晒されるような恐怖を持っているかどうかで、全く、この世界を見る視点が違いますよね。そういう性に対する想像力を持てるかどうかで、男の人って変わると思います。
香山　ひどいですね。でもそれこそ、昔から女の人が一人暮らしをする時にはお父さんのパンツをベランダに干して、「うちには男もいるよ」っていうふうにしとくことから状況が変わっていないですね。

北原　女の置かれている状況に想像力を持てず、女性とは自分の性欲のスイッチを入れたり、または食事の世話をしてくれ、話を聞いてくれ、癒やしてくれる存在、くらいにしか思っていない男性には、全くわからないことだと思います。だから、女が官能について語るのは、本当にこの社会では難しい。自分の欲望も、いつの間にか男の欲望として盗まれてしまったり、利用されたり搾取されかねない。

香山　本当にそうですね。「そんなにヤりたいなら触ってやるよ」みたいに言われて（笑）。

北原　私と同世代の男性たちは、男女平等社会に育ったと信じて疑わず、けれど、性別役割を信じていて、未だにジェンダーって言葉を知らない人も多いんじゃないかな。これからどんどん社会的権力者になっていく世代だから、女にとっては、まだまだ厳しい時代が続くのかもしれないです。

セックスレスの裏にあるニッポンの労働

北原　最近、女性向けのロマンポルノを映画監督の園子温さんが作ったんですね。宣伝用の映像を観たんですが、げっそりしてしまった。女が叫んだり髪の毛を引っ張ったり殴ったり。狂気、バイオレンス、エロ、みたいな調子。え、これって女性向けのロマンポルノなの？　怖いだけ。いつまでエロとバイオレンスと非日常をくっつけてアート、みたいなことしたがるんだろう。こうなると「洗濯機を見ながらぼーっとしている時に、どうしたの？　って後ろから抱きしめられる」ようなベタな、狂気とは地続きじゃないエロス表現のほうが、どれだけ新しいかという気がしちゃう。

香山　たしかにそうですね。

北原　私、女性たちが韓流にハマったのって、ひとつは、狂気がない、ってことだと思うんですよね。日常の延長のスターだったからなんじゃないかなって。だって、たとえば韓流ライブにいくと、かなりの高い確率で「ご飯を食べましたか？」って聞かれますよ。

香山　へえ！　そうなんですね。

北原　何はともあれご飯の心配をするのが韓国文化なのではあるんだけど、日本で暮らしてると、男の人にお腹の具合を心配された経験が少ないんですね。私、韓流にハマる女性たちを取材したんだけど、40代、50代の主婦たちの多くが、「あんなキレイな若い男に『ご飯は食べましたか？』って聞かれたの初めて」ってぽーっとして語るんです。しかも「ご飯食べた？」と聞いてくれた後には、「僕たちは今日〇〇を食べて美味しかったです！」なんて……会話の健全さがすごい（笑）。

それなのにライブはエロいわけですよ。官能って、生きることだから、生活の延長なんだなぁ～、ああこういう狂気のないエロスだからこそ韓流にハマった女がたくさんいたんだな、って思いました。それは私たちの文化の中で味わえなかった、知らなかった官能だったんです。だから今それを取り戻すとしても、どこからやり直したらいいかわからないくらいです。

香山　韓国では日常でもそんな感じなんですか？

北原　韓国でも、男の買春文化や暴力はあるし、やはり女性差別もある。でもドラマなんか観ていると、夫が「お母ちゃんとセックスしたい」みたいな雰囲気が描かれてるし、夫婦がいちゃつく映像もある。「妻となんか何年もやっていないよ！」っていう日本の女性のような排除のされ方とはまた違う面があるんじゃないでしょうか。

香山　でも日本の女性が性的に完全に「卒業」して地味に生きているかというとそうじゃなくて、オシャレしたり飾り立てたりしている人もいますよね。

北原　卒業する必要もないですしね。

香山　いま女性が婚外恋愛をどんどんしているというわけでもないんですか？

北原　学校の父母会とか泥沼……と言ってる女友達がいますよ。

香山　そうなの（笑）。『ＨＥＲＳ』（光文社）という50代の女性が読む雑誌の人が取材に来た時にも、ダブル不倫がすごく多いと言っていました。今はＳＮＳがあるから、昔の彼氏とか同級生に会えてしまうみたいで。

　そうなると、坂爪真吾さんの『はじめての不倫学』の世界ですよね。「婚外セックス市場を作れば問題解決」。不倫がなくなる。まあ不倫なんだけど、それはもう「婚外セックス市場にして、そこには恋愛感情はなくてアスリートのように性を謳歌するということを解禁したら良い」という。

北原　そういう制度化って、不倫を禁止することよりも気持ち悪く感じるのはなぜなんだろう。私はそんな制度より必要なのは、日常のエロスを増やしていけばいいだけだと思うけど。女に優しい世界にすればいいのよ。

香山　そうですよね。

北原　排泄するみたいなセックス、したくないし。男の性欲に巻き込まれたくない。

香山　佐藤優さんがよく言っているのは、「ロシアの夫婦はセックスレスだけど、バカンスの期間があって、夫と妻が1カ月くらいズラして行って、その避暑地みたいなところではフリーセックスで1年分を毎日違う人とする」って。

北原　世界から見ると、日本ってとてもポルノに寛容なのに、夫婦間のセックスがとても少ない。2週間に1度くらいのカップルが大多数なわけですよね。

香山　それは生物学的なものなんですかね？　私の知り合いがアメリカに行ったら、家のゲストルームにもシャワーが付いていて、友達の夫婦が泊まったらヤるだろうという前提だそうです。でも普通、友達の家に行ったらヤらないんじゃないのって、私たちだと思うじゃないですか（笑）。

北原　たしかに（笑）。

香山　あと、友達がアメリカ人と結婚したらその人がとにかく毎日セックスするから、「今日はジャパニーズデーにして」って言うと、その日はしないんだって（笑）。「じゃあ、お茶飲んで寝るか」というくらい当たり前で、愛しているからというよりもそういうもんだ、みたいな感じらしいですよ。

北原　へぇ！　日本の家庭の場合は、夫が疲れているのを妻がやる気を出させてあげて、「週末だけでも子作りしましょう」とか夫の勃起までケアしてあげてる。夫が疲れている前提で家庭が回ってますよね。これ変ですよね。日本の男だけ、そんなに弱いの？

香山　フランスで長時間労働禁止のデモがあって、学生が「昼は働いて、夜はセックスと愛のためにある」というプラカードを出していたんです。日本じゃあり得ないって思いました。

北原　すてき。

香山　あと、私の友人から聞いた話ですが、ビジネスでスペインから来た人を接待して、池袋駅へ23時くらいに行ったら仕事帰りで郊外に向かう人がホームに溢れていた。それを見てその人が「今日はフェスティバルでもあったのか？」って驚いたそうです。

北原　あはは！（笑）

香山　「毎日だよ」って知り合いが言ったら、「じゃあ、いつセックスをするんだ？　帰った後に？」って言われて、「忙しくてしないよ」って言ったらものすごくビックリしていた。

北原　じゃあ、日本のセックスレスの原因は長時間労働なのかしら。

香山　長時間労働と遠距離通勤を禁止しないとダメなんじゃないのかな。

北原　イライラも増すしね。

香山　じゃあ、地方はセックスしているんでしょうか？

北原　どうなんでしょう。男にやる気がそもそもないんじゃないでしょうか？　疲れる気まんまんっていうか（笑）。

香山　疲れたいのか（笑）。

北原　こんなにも長時間労働だと、家で夫婦二人で時間を過ごすという感覚がなくなりますよね。日本の近代の家庭って、「嫁」のことは無償で使える労働力のひとつくらいに思ってたわけですよね。その意識が今はどのくらい変わったのかなと思って見てみると、残念ながら結婚したら家事から解放されると思っている男の人は減っていない状況。妻のほうは家庭の労働が増えている。女の人に対する「無賃で働ける労働力」という視線が抜けていないんですよね。意識改革がされていない。これを変えるにはどうしたら良いんでしょうかね。「教育勅語」だなんて言っている場合じゃないんですよ。

香山　価値観を戻そうとしている人たちがいるんですよね。「女性活躍」とは言っていても、男は外で働き女は家で、みたいな状態に戻したい人がたくさんいるわけです。とはいえ労働人口は減っているから女も少しは外で働いてもらいたいけど、父と母の役割分担はむしろ戻そうとしている動きはありますよね。そんなふうに性的役割分担の動きを強めるのであれば、せめて「夫は妻を愛する」みたいにして復活すればいいけど、そういうわけではないいんですよね。

北原　女の人は奪われるだけっていう感じがします。

香山　でも、日本でも一時期アメリカの連続テレビドラマ『Sex and the City』が流行って、女性が積極的に性を語ったり求めたりするのが格好良いという風潮になりつつあった気もしましたが、あれは一時的なものだったんですかね？

北原　どうなんでしょう。ここに希望がある！　と思って、うきうきしながら歩いていた時、ある日ふと、後ろを振り返ったら誰もいなかった……って感じを私は受けています。セックスをポジティブに語ったところで、何もいいことない、という現実を突きつけられたんでしょうか。

香山　なるほどね。

北原　中国人の女友達が日本に旅行した時、日本の女性の声が高いこと、赤ちゃんみたいに喋ることに衝撃を受けたそうです。「日本の女の人は何を恐れているの？」って驚いていました。ほんと、私たち、びくついているのかもしれないですね。

香山　私は産業医もやっているのですが、どこの企業や自治体の機関でも、まだまだ序列社会で男性のほうが圧倒的に多いんです。そうすると男の人に機嫌よく仕事してもらったほうが話が早いから、女性社員は「わぁ、部長、すごいですね～。パチパチ（と拍手）」して、「そうか～?」なんて機嫌よくなってもらおうとする。そのほうが面倒くさくなく仕事が進む、というんですが、やはりそのストレスがかかって、不調になって健康管理室に相談に来たりもするのです。

北原　そうそう。男の人を持ち上げ、自尊心を損なわないように、過剰に男を偉大化してあげること、女自身が無意識レベルでやってますよね。男の機嫌を取ることが仕事の3割みたいな感じで、諦めながらやっている。だって、もしその仕事をしなければ、自分の立場が危うくなったり、面倒くさい状況に追い込まれるから。本当、面倒を避けるために、沈黙し笑顔をつくる。それって結局、男をダメにしているだけかもしれないけれど、でもこれ以上疲れないために、やっちゃうんですよね。ああ、悪循環。

性売買と愛国

4

「威張っている女」がいない

香山　最近、ある役所の女性が言っていたんですが、そこは部長クラスの男性と女性がそれぞれいて、何もわからない新人でさえ、いちばん重要なことについては「これ、部長どうしたら良いですか？」って必ず男のほうに聞くそうです。彼女に聞くのは、誰かがお土産を買ってきた時に「これ、分けますか？」とか。

北原　あはははは！（笑）

香山　本当にギャグみたいな話なんですが。若い世代なんてそんなに「女は家庭、男は仕事」というわけでもないのに、お土産を分ける包丁のありかは女性部長に聞く。いつの間にか重要なことは男が決定するって叩きこまれているんですよね。「どうしてそうなっちゃったんでしょうね」って、その彼女は言っていましたが。若い人たちなんて、私たちよりもよっぽど男女の役割には区別がないって教えられてきているだろうに。

て思います。

北原　「威張っている女」がいないの、大きいですよね。威張るのがいい、ということではなく、媚びずに堂々としている女が政治家を見ていても本当に少ないなー、って思います。

先日、『白い花を隠す』（Pカンパニー2017）という戯曲家の石原燃さんが書いたお芝居を見たんです。2001年に実際に起きたNHKでのドキュメンタリー改ざん事件を題材にしたお芝居です。モデルになったのは、当時NHKの関連会社にいたディレクターの坂上香さんで、天皇の戦争責任を問い、「慰安婦」問題を裁く女性国際戦犯法廷のドキュメンタリーが、安倍晋三氏と故中川昭一氏の介入で、めちゃくちゃに編集されていきます。今のメディアの問題にも通じると思いますが、メディアが萎縮し、自粛していった現場を、当時を再現するように描いていました。

面白いのが、坂上さんの役を男性が演じていたことでした。なんで男性にしたのかは、わかりません。ただ、舞台上で上司に向かって怒鳴り吠える男性の俳優を観ながら、これが女性だったら怒鳴る演出になっただろうか、またはもし女性だったら、この怒りはさらに「慰安婦」問題と絡まり、性の問題としてより複雑になっていくだろうと考えました。また、現実の世界では、坂上さんの上司は男性でしたが、お芝居の中では女性が演じていました。テレビ制作会社を経営する60代くらいで、男口調で部下を叱咤激励する役です。女のままでは、ストレートな怒りを表現できない、男言葉で初めて部下を怒鳴りつけられる。そこにすごくリアリティを感じたんです。

そんなことを考えながら、サフラジェット（19世紀末から20世紀初頭にイギリスで活動した女性参政権を得るために戦う女性たちのこと）についての映画『未来を花束にして』（イギリス映画 2015）を観に行ったんですが、すっごくいい映画でしたね。それなのにパンフレットに書かれていた俳優たちのインタビューの日本語訳がひどかった。

1910年代のサフラジェットに対する敬意を込めて女性監督がつくった映画なのに、監督とか俳優のインタビューが全部「～だわ」「～よ」っていう語尾ですよ。「まだこれやるのか！」って思ってしまったわよ！ 力が抜けました。権利を訴えるような強い内容の場合だと特に、女言葉にしないと性別間違えてしまうかな、とか訳者は心配になるのかな。女は男を刺激しないように「主張」することを求められてるので、当然、この社会では、女性のリーダーのイメージがわきにくいですよね。そういう中で、モノ言う女への嘲笑や批判は、どんどん深まっている側面もあります。

香山　80年代、90年代は世の中が「これからはこういう世の中になっていく」「変わらなきゃ」という空気の中で、フェミニストに対して誰が何を思っていたのかはわかりませんでした。でもネット社会になって匿名でみんながモノを言えるようになったら、当時から「こいつら面白くねえな」と思っていた人たちの不満を一気に噴出させている感じがあります。

北原　そうですね。

香山　でも今は、「日本会議」とか「日本のこころ」の人たちが、大きな声で「女はこうでなくてはいけません！」とか言うようになっちゃいましたよね。

その一方で、衆院選に自民党から出馬して当選した杉田水脈さんのような右派の女性は意外と声がデカい。櫻井よしこさんもそうかもしれませんが、女性で「女はこうあるべき」と言っている人が、男性が良いとする女性像を変な意味で実現している感じがあります。沖縄で基地反対派を糾弾している我那覇真子さんとかね。

だから、みのりさんもそうかもしれませんが、私や辻元清美さんなんかが表立って叩かれる。これまでは陰ながら「あいつら、なんだよ」と思っていても、「とにかく今は言っちゃいけないみたいだ」という感覚でいた人も、今やそれを隠さなくなっちゃいましたよね。石原慎太郎が言ってきたような差別感情を全く隠さないみたいな。

北原　心の中の慎太郎を解放しちゃっている（笑）。

香山　そうそう。そこでフェミニスト的な人がどういうふうに戦略的にやっていくかというのは……。

北原　フェミ的なつながり、増やしていくしかないのかなあ。

権力とつながるLGBTの運動

北原　私の会社で働きたいと言ってくれる人たちって、フェミニズムに関心があるという人は多いんだけど、最近、どんな関心があるんですか？　と聞くと「セクシュアルマイノリティのこと」と答える人がとても多いんですよね。

今の若い人たちにとって、フェミニズムが女性の権利拡張運動だったり、命かけて闘っていたような運動だという認識って、もうないのかな〜と思ったりします。避妊、中絶など、リプロの話はフェミニズムに関心がある人の関心事ではなくなっている。それよりも、里親をどうするとか新しい家族の形などの話が話題の中心のようで、女の身体の話がフェミニズムの中心の話でなくなっているように思います。

香山　今で言うとせいぜい、ＡＶ強要の話とかね。

北原　先日、ＡＶ業界を内側からクリーンにして発展させていこうと頑張っている第三者委員会の方の提案を読んだのだけど、笑っちゃいました。女性の人権が侵されているということを、ＡＶ出演強要問題は訴えたのに、そこら辺はスルーして全て「女性の自己決定」を尊重する、ということしか書かれていない。一見、まともに見えるけれど、そもそも「女性が自己決定でサインした、出演した」ことに重きを置きすぎて、どんな被害を受けても業界側をさらに批判しにくくなるのが目に見えます。結局、自己責任論です。

面白かったのは、その書面に唐突にＬＧＢＴの権利を守る、というような一文が脈絡なく置かれてたんですよね。これ言っておけば、リベラルに見えるし、それっぽいし、というノリの軽さがありました。

ＬＧＢＴがとても都合よく使い勝手のよいリベラルな単語になってる面があるのかも。ここ何年かＬＧＢＴのレインボーパレードに稲田朋美さんやアッキーが来て、モヤモヤしてます。もちろん政権の側にいる人たちに変わってもらわなければいけないけれど、今はＬＧＢＴというワードが、権力側にとても便利に利用されている印象を受けます。

女に夢を語る男の図々しさ

北原　最近、「女性に優しい新しいローションを作ったので相談に乗ってほしい」とやってきた30代の男性がいたんです。

香山　いいじゃないですか。

北原　ただ、本当に驚いたんだけど、私はビジネスの話をするつもりでいたんだけど、その男は夢を私に語り続けたんですよ。しかも「日本を変えたい」って、それしか言わない。

香山　「ローションから日本を変えたい」と(笑)。

北原　「とにかく目標はオカモトをぶっ壊すことですね」とか。オカモトってコンドームの会社です。そもそもなぜローションを作りたいのかというと、彼がタイの風俗に行った時に質の悪いローションを使っていたのを目の当たりにしたのがきっかけだそうです。日本の男たちが、タイの匂いの強いローションだと匂いが残るし肌が荒れるから嫌がっているところに、日本の無味無臭ですぐ流せるタイプのローションを持って行ったら、すごく喜ばれたという。
で、彼はタイの風俗でローション売って、かなり利益を出したそうなんですよね。で、今度は女のほうもやったら儲かるんじゃないか、と思ったんじゃないかな。「女性用のローションを作りたい。女性を教育したい」と言うんです。聞いているうちにばかばかしくなったので、「女性の教育とか、あなたが考えなくていいよ。これまで通り、男性向けに頑張ったらいいのでは」って言ったら、それには耳を貸さず、私の話を遮って「いや、女性が変わらなきゃダメですよ」って言い張る。

香山　なんで？

北原　知りませんよ。さらに夢を語るんですよ。これからは出産の現場でもローションが必要だ、女の性の現場の最前線で働いている助産師の世界に参入して、助産師を教育していきたいとか言うんですよね。私、いろんな国の人と仕事してますけれど、こんなビジネス会話したの、生まれて初めてですよ。だから、しばらく衝撃が抜けないんです。いやー、久々に驚いた。
ただ、これは極端な例としても、ああいう会話って日本中で起きてますよ、ってその後、若いスタッフたちが口々に言うことに、さらに驚きました。北原さん、男は夢を女に語って凄いって言われたがってますよ、女にものを教えて凄いと言われたがってるんです、だからあの男もきっと北原さんに凄い！ ありがとう！ って言われて、すぐに取引できると思ったんじゃないですかね、って。なるほど、これはジェンダーのひとつの表象なんだな、と理解しました。

そう考えると、彼の延長にいるのが安倍さんかもなーと。彼の夢を語られ続け、日本を変えると言われ続け、戦後日本を壊すと言われたりとか、偉大な俺の物語に問答無用に巻き込まれて……。ああ、そう考えると、あの時にあの男、きちんとつぶしておけばよかったな～（笑）。

香山リカに対する誹謗中傷

香山　私は2017年の3月、チャンネル桜の、「沖縄の声」という番組のキャスターの栗秋琢磨氏、平原伸康氏、鉢嶺元治氏を提訴して係争中なんです。私がツイッターで名誉毀損のツイートをしたり医師として守秘義務違反をしたりしたとして、私の勤務先である診療所に対して保健所の監査が入った、医師法違反だ、と番組で語り、それが多くの人にツイッターなどで拡散されました。裁判は10月現在、まだ続いています。

ほかにもうひとりジャーナリストの石井孝明さんも名誉毀損で訴え、こちらは和解となりました。こちらはネットメディアの記事とそれから1年以上にわたるツイート、名誉棄損にあたると考えられるツイートがざっと200くらいありました。

北原　香山さんのことだけで!?

香山　そうです。

北原　それ、もはやストーカーですね。

香山　一般にツイッターなどで攻撃されやすいのは、辛淑玉さんとか伊藤和子さんとか、もちろん北原さんもそうですが、たいてい女ですよね。女の発言者に対する粘着がすごい。「きっとこういう女は俺を下に見るだろう」と思って、叩いたりしているんでしょうね。

あとはそういう人たちの攻撃を見ていて思うのは、辛淑玉さんとか伊藤和子さんとかが「こんな社会は嫌なのでそれを変えるためにこう行動した」などと憂いているのを見ると、彼らは「絶対何かの利害関係でやっているんだろう」と思うみたいなんです。辛さんは北朝鮮や中国から金を貰っていて、伊藤さんは国連で自分のポジションを上げようとしている、とか。

北原　そうとしか思えないって、自分がそういうふうにしか動けないってことですよね？

香山　まさにそう思うんです。いわゆるネトウヨ的な人たちというのは、「こういう世の中になればいいな」と思って動いているのが信じられないんだと思う。信念で動ける人が羨ましいんじゃないのかな。自分はそうやって動けないから。

〝男らしさ〟は女のヨイショとセット

香山　そういった女性発言者を攻撃する男性たちも、たいていはルサンチマンに満ちている。きっと厳しい競争に晒され、それなりに努力して大学に行ったりしているのに、それに見合った成果や満足感を手にできていない。「俺がなぜこんな不遇な目に遭っているんだ」という感じなのではないでしょうか。それが女性たちは、ある意味、軽々と好きなことをやっているように見えてしまう。あるいは、女性だと優遇されてそのポジションについているように見えるのかもしれません。ホントはそんなんじゃないのに。

北原 『非モテの品格』（集英社新書 2016）を書いた杉田俊介さんが、ご自身のこととして書かれていますが、彼女ができてもルサンチマンは消えないし、傷がうずき続けているらしいんです。リアルに彼女がいるとか結婚しているとか関係ない話で、自分でも不思議なんだそうです。でも、それを自分で回復したいと思って書いている本なんだけど。

香山 偉いですね。

北原 でもやっぱり怖いです、その恨み……（笑）。

香山 それって、お母さんからは肯定されてきているのかしら？

北原 どうだったかな。平山亮さんが、息子介護について『介護する息子たち』（勁草書房 2017）を書いていますが、これは母と息子の話なんです。男性側のジェンダーって父親とか夫を通して語られるけど、息子という役割が今まであまりちゃんと分析されていないんじゃないかと。平山さんは〝息子〟というすごくケアされる存在が、日本の男の中でずっと引きずっている「男」の正体なんじゃないかと書いているんです。

香山　それってもうテレビドラマ『ずっとあなたが好きだった』の冬彦さん、佐野史郎みたいな感覚ですよね。つまりお母さんからは「あなたはすごい、可愛い、デキる子だ」って言われてきて、でも社会に出たら「なんだ、こいつは？」って思われるような。

北原　平山さんの本が新しいなと思ったのは、母親にされてきた介護や育児みたいなケアの分野の仕事を、男の文化はすごく低く見積もって、なかったことにしてきたことを指摘しているんです。〝男らしさ〟というのは自立だと思われているけれども、実は女性のケアやお膳立てによって成立しているものなんだと。だけど、お膳立てをないものにするために、ケアの仕事を低く見積もることがセットになっていると書いているんです。

実際に息子が介護するとなった時の話は非常に興味深かったです。介護にもジェンダーがあるんですよ。〝男らしい介護〟といって、娘だとお父さんやお母さんが歩けないとなった時にとてもきめ細かく世話をし、むしろ自分を追い詰めてしまうのだけど、息子のケアはとにかく自立させようとするんです。認知症が進んでいるのに無理やり散歩させたりして、「お姉さんがなんでも世話しすぎたからこんなに認知症が進んだんだ。俺は母親を自立させる」とか言ったりして（笑）、いわゆる「男らしい」ケアをアピールする。こうした「息子らしい」介護の方法を調査してみると、たいてい女きょうだいとか妻のお膳立てによって成り立っている、すごくマッチョな介護だということがわかったそうです。

香山　なるほど、料理と同じですね。男の料理。金に糸目を付けずに材料を買ってガーッと作って後始末はしない、みたいな。

北原　そう、そう、全く同じです。〝男らしさ〟って、本人たちが憧れているものは、相当女のお膳立てとヨイショとがセットなんです。でもそのことを、男たちが全く自覚していないことに非常に問題がある。「男の生きづらさと女の生きづらさを同じように語っていいものなのか」ということを、平山さんは書いているんです。

90年代からの男性学って、「女も生きづらいけど、男だって〝男らしさ〟の抑圧の下で生きづらいんだ」ということがセットで語られてきました。フェミニズムにしても、「フェミニズムが浸透すれば、男の人も生きやすくなるんですよ」って言わなければ話が通らない空気ができているんですが、実はその〝生きづらさ〟って全然違う種類のものなんじゃないかっていうことを平山さんはちゃんと書いてくれていて、私はすごくすっきりしました。

先日、NHK『ハートネットTV』でフェミニズム特集をやったんです。私も出演させていただいたんですが、「フェミニズム」という単語をテレビで聞くなんて、考えてみれば普段ないし、画期的な番組だったと思うんです。でもやはり、「フェミは怖くないですよ、というかフェミニズムは男の人のためにもあるんです」という男性を怖がらせないためのお膳立てが必要なんですよね。

でも、フェミニズムって本当にそういうものなのかな？　フェミニズムって、やっぱり女の痛みや怒りが出発点だし、当事者としての女の声があるわけだし、命がけでリプロの権利や参政権を勝ち取ってきた歴史があるわけだし、「怖くない」って言い切れるのかな？　と考えさせられました。

だから、ある種のフェミニズムに対する男たちの反応って、ある意味、正しいと思うんです。フェミニズムは男性の領域を侵すし、男性の生き方を変えさせるし、男性が持っている特権は何なのかを突きつけるから、やっぱり男性にとって腹立たしいし、脅威であることは正しいんだと思います。

香山　中には、それ以外ではとてもリベラルで人権感覚も持っている男性なのに、女性差別をなくそう、と訴えるフェミニズム的な主張に対しては、途端に感情的になって激しく反発してくる人もいますよね。

北原　私、最近のフェミニズムって、男の人に対してきちんと声を届けようとしているかな？　と考えることあります。別に戦闘的になる必要はないと思います。たとえば70年代のウーマンリブで、榎美沙子さんがピンクヘルメットをかぶって企業の前に行って、マイクで不倫してきた男を名指しして怒りまくるような、そんな闘いが「正しい」かどうかはわからない。さらに、榎さんは、同時代の仲間から一切評価されてないし、彼女はウーマンリブではなかったと断定する人もいる。今は完全に榎さんの消息はわからなくなっていますし、もう亡くなられたという話も聞きました。でも、少なくとも、榎さんって、男をかなりいらつかせましたよね。不倫していた男の会社に行って、会社の前で暴れるとか、最もされたくないことですよね（笑）。

当時、10代だった女性に話を聞いたことあるんですが、テレビの中の榎さんはとても美しくてお洒落で、憧れたと。だけど榎さんがテレビで男の人を攻撃するのを見ながら、自分の母親たちがヒソヒソと「こんなことしたら損なのに」と言っていたことを、すごく覚えている、というんです。それは、もしかしたら榎さんが放ったメッセージよりも、彼女に呪いをかけたかもしれませんよね。そんなふうに、40年前の日本、女の状況を考えれば、榎さんがやった「男に『NO』を突きつけていいんだ」というパフォーマンス、それだけでも意味があったんじゃないかと思うんですよ。

でも、今はフェミニストも男を攻撃しないように気を付けているところがあります。男を怒らせるのではなく仲間に入れて共に闘っていく、みたいな。でも、そこで女としての当事者性を手放すようなことは、自らする必要はないんですけどね。

取材する側の「共感疲労」

北原　性売買について調べる中で、研究本から新書まで様々なものを読んでいますが、男性の書き手のスタンスに戸惑うことが多いです。裸になる女性を畏怖するような視線はあるのですが、行くあてがなく困っている女の子たちを支援につなげる発想はなく、あくまでも取材対象で、社会の「裏」を書いているジャーナリストという、うっすらとしたはしゃぎを感じることが少なくない。

『裸足で逃げる』の上間陽子さんには、同じような現実を描くにしても、書き手によってここまで違うのかということを、改めて突きつけられました。上間さんは戸惑いながらも、具体的に女の子たちに関わり、なぜ彼女たちの存在を書く必要があるのか、そうすることで何が起きるのか、そしてまたご自身と彼女たちの連続性を思考しながら丁寧に書いている。なにより、女性たちに全部原稿を見せています。売る女性や、貧困の女性に対する書き手としての葛藤が表れている。

香山　しかも、彼女はその人たちを調査対象にするだけではなくて、何かあったらいつでも駆けつけるなど、ものすごく抱え込んでいますね。

北原　社会的に最も弱い立場にいる人と向き合う時って、自分の人生まるごと変わっていくような、そんな面があるようにも思います。精神科医はどうなんでしょうか。

香山　すごく抱え込む覚悟がある人がどのぐらいいるか知らないですが、それ以外は「それは患者さんのために良くないから」という金科玉条のもと、精神科医は抱え込むようなことはやっていないです。むしろ一切やらない。

北原　そうなんですね。上間さんみたいな方は、精神科につながるチャンネルもない女の子にとっては、本当に貴重な存在ですよね。

去年、女子少年院を取材したんです。そこに入ってくる理由は様々ですが、ＪＫビジネスに巻き込まれたりなど、一応世間で「犯罪」と言われる行為をした子たちではあるけれど、被害者でもある。職員の方によれば、多くの女の子が性暴力被害を受けているとのことでした。

一方、女子少年院に勤務している職員たちも若いんです。公務員の試験を受けられるような家庭環境を持っている若い女性たちにとって、初めて少年院で聞く話が、それほど年の変わらない女性たちの過酷な現実です。受け止める側の人生も揺さぶられるような経験になりますよね。

香山　それはよく「共感疲労」と言われるものですね。私たち精神科医は、今言ったようにバーン・アウトすることを防ぐ意味もあるんですが、とにかく対象化するとか距離を置くとか、遠ざけることばかり習うんです。むしろ施設の職員の方やボランティアの方は、そういう教育を受けていないから本当に丸抱えしてしまって、共感することで自分も同じトラウマ体験をして参ってしまうこともあると思います。

北原　少年院の職員の女性たちは、「制服で守られている」という言い方をしていたんですよね。職業として守られていると。

香山　あ、それはわかります。白衣と一緒でね。

北原　そう、性暴力被害者と関わり支援したり、または取材するということは、自分自身の立ち位置を常に問われることなんですよね。だから、男性のライターが、どういう立場で性産業について書いているのかが、私はとても気になるのだと思います。

性暴力被害者の支援や、性売買産業に従事することでさらに人生が困難になってしまった女性を支援している福祉家たちと話して気がつかされるのは、「絶対に個人が特定されるような情報は軽々しく語らない」という徹底したルール。はっきり言えば、彼女たちは、当事者と業界関係者に次いで、性産業の現実を見てきた方々です。だけど当然、職業倫理として、気軽に自分の仕事を「表現」できない。支援の現場は、なかなか「語られること」がないですよね。

加えて、日本は女性支援という考えが年々薄まってしまっています。むしろ性売買が女性にとっての最後のセーフティネットという表現が、ある一定の説得力を持つ程度に、社会が貧困女性を全力で支援していく、という姿勢が欠けてきた。こういう社会で、支援の現場にいる女性たちにクリスチャンが多いということも、非常に意味深いですよね。というか、昔から、松井やよりさんをはじめ、クリスチャンが性暴力や性売買被害の問題に積極的に関わってきましたね。

香山　そうなんですね。

北原　だから、性売買批判をすると、宗教的倫理で批判しているだけ、ピューリタン的だといったレッテル貼りで矮小化をされがちだし、クリスチャン中心だった日本の廃娼運動は、フェミニズムの系譜としてあまり認識されていないのではないでしょうか。

日本最初の女性団体と言えば青鞜をあげる人は多いけれど、その25年も前の明治19年に設立された矯風会[14]をフェミニズムの文脈で評価する人はあまりいないです。そして、クリスチャンとして最も困っている人を支援している人に対しても、実は日本社会ってよく理解できないのかなとも思います。だから「上から目線のおばさんたちが、保護や同情の視線で女性を見つめている。結局は結婚制度を揺るがす売春婦たちが許せないだけだ」みたいな、支援者批判も珍しくありません。

香山　反ヘイトの活動をずっとしているC.R.A.C.の野間（易通）さんたちは、在日が可哀想だからやるんじゃなくて、あくまで自分がこの社会にヘイトスピーチなんかがあるのは嫌だからやっている、というスタイルですよね。被害者にあえて寄り添わない。「ありがとう、私たちのためにすみません」って言われると、「いや、あなたたちのためにやっているわけじゃないんで」みたいなことまで言う。言われた側も、もしかしたら「え、どうしてそんなこと言うの？」って突き放された感じになってしまうかもしれませんが、もちろん野間さん自身は個人的にはとても優しい人ですが、あえてその雰囲気を出さないようにしているように見える。

でも被害の種類が性暴力だと、「寄り添わないスタイル」はムリのような気がします。

北原　共感がない支援なんて、基本はないと思うけれど、野間さんは加害者と同じ属

11：1886年（明治19年）、アメリカの禁酒運動家の演説をきっかけに、日本の女性たちが設立したキリスト教の精神に基づいた女性団体。禁酒に止まらず、公娼制度廃止、一夫一婦制の実現など女性の人権を守る運動を展開した。初代会頭は矢島楫子。現在も存続する、日本で最も歴史の長い女性団体。

性があるという時点で、当事者にはなれないし、ヘイトされる立場の人に「ありがとう」と言われるのは、やはりグロテスクな構造だと思います。でも、性暴力の場合は、支援者も女。そこでの「分断」にすごく繊細になりながら関わることの難しさ、それでも諦めない運動の厚みに私は圧倒されるんですよね。

韓国のフェミニズム事情

北原　私はいま韓国にもちょくちょく行っているんですが、あまりにも日本と言論を取り巻く雰囲気が違うことに驚きます。日本は「フェミニスト（笑）」みたいになってしまっている状況で、フェミニスト団体は全く機能していないように見えるのだけど、韓国は、もう少し風通しがよさそう。

たとえば、韓国には「女性界」という言葉があります。昔は日本も「婦人界」というのがありましたが、「経済界」とか「金融界」と同じように「女性界」というものがあるんです。大統領選の時には、女性界の人が発言を求められたりする。公的に機能するポジションとして女性のフェミニスト団体が存在しています。

香山　日本の場合は石原慎太郎みたいな公人による攻撃とかバックラッシュもすごく強かったですが、韓国はどうなんでしょう。

北原　韓国にも「イルベ」というネトウヨのグループがいます。朴槿恵が大好きだったりする人たちです。でも自分たちは少数派という認識だと思いますよ。そもそも韓国のインターネットは、日本と違ってリベラルな言論空間を広げた技術という認識があるようなんです。日本だと、より保守的な言説とヘイトが撒き散らかされてしまったのがネットの世界というイメージがありますけれど。だから若い世代の、声をあげ、自分でものを考えて自分の言葉で語り、絶対に民主主義を手放さないという意識はとても強いと思います。「慰安婦」運動でも、今、日本大使館の前で365日、「少女像」を守り続けているのは大学生たちですし。

香山　メディアもそういう人たちに発言の場をちゃんと与えているんですか？

北原　メディアは本当に凄いと思います。政治ニュースが機能しています。たとえば、朴槿恵弾劾まで光化門前で毎週土曜日に行われていたデモでは、無数のテレビカメラが中継していましたからね。20万人の人々がキャンドルを持って集まる光景、私も何回か参加したけれど、日本ではそもそもこれだけの人が集まる広場がねぇよ！　と気がつかされるほど、圧巻でした。
　また、『それが知りたい！』という韓国のテレビ番組があるのですが、これがきちんと政権批判をしている。朴正煕時代、韓国に留学する在日の人たちがスパイとして捕らえられ、彼らを拷問し死刑判決を導いた当時の検察が朴槿恵の大統領補佐官なんですよね。そして当然、今回の朴槿恵に向けられた疑惑にも関わっている……ということを明かしていく。

香山　地上波民放局ですか？

北原　ＳＢＳという地上波です。あと２０１７年、朴槿恵の母を暗殺した罪で死刑になった文世光の映画が、２本予定されていると聞いています。文世光は当時日本に暮らしていて、彼が暗殺に使った鉄砲は交番から盗んだものだったんですよね。でもなんで日本の警察から鉄砲を盗めたんだろう、なんで鉄砲を持ったまま韓国に入国できて、大統領のパーティーに行って発砲できたんだろう、そしてなぜ、文世光はそうしたんだろう……って言ってるうちに、早く観たくなってしまったけれど、この40年以上前の事件を、今、韓国は韓国社会の現代につながる歴史として評価していくわけですよね。
　そういう動き、日本ではあるのかしら……と遠い日になっちゃうんです。

香山　それって鶏が先か卵が先かという話だとも思うんです。韓国ではそれを作るとちゃんと観客が動員できる見込みがあるから作るんですよね？

ドイツで現代詩を研究している東大の研究者が言っていましたが、ドイツ人はナチスについてすごく反省しているように見えますが、実は認めたくないという空気も60年代にはすごく強かったそうです。ところが78年にアメリカで製作されたメリル・ストリープ主演の『ホロコースト 戦争と家族』（NBCネットワーク製作 1978）というドラマがすごくヒットしたので、ドイツの民放放送局がドイツでも三夜連続で放送したら、すごい視聴率をとった。それでホロコーストとかナチズムを扱ったものがポピュラーな商品としてのニーズがあるんだと気づいて、ドイツでもどんどん増えていったということでした。だからそれは単純に「やらなきゃいけないから」という気持ちというより、ニーズがあるとか売れるとかそういうところからブレイクすることもある、と。

そう思うと、日本のメディアはだらしないとよく言われるけれども、豊洲市場の盛り土の問題なんかも、視聴者が見るからテレビは延々やるんですよね。私もテレビ局の知り合いに「どうしてこれをやらないんですか？」って聞くと、「いや〜、これは数字が取れないんですよ」と返されることがよくあります。一方で昔、芸能人の喧嘩とか、「なんでこんなくだらないことやるんですか」って聞いたら、「これをやるとバーって視聴率が上がって、止めると一気に下がるからやらざるを得ないんですよ」と。くだらないけど見ちゃうというのも、卵と鶏、どっちが先かわからないですよ。

北原 なるほどー。でも私、韓流のドラマや音楽番組が、地上波でどんどんなくなっていくのを見て、ほんと驚いたんですよ。高い視聴率が取れるのに、現場で判断する人が、一部の嫌韓ブームに乗ってしまう。

香山 あれは、ニーズが少ないというよりも、もっと意思的なものですか？

北原 局で働く人に聞いた時、はっきりとプロデューサーが「韓流は気持ち悪い」と言って終わらせた番組があると言ってました。今、少しずつ韓流ドラマが民放で戻り始めているけれど、韓流好きな人はもうお金払ってケーブルテレビとか入っていますよね。現場の判断って、やはり大きいんだと思います。だから、どっちが先かわからないけれども、決定権ある人の人権感覚って、実は私たちの社会に、様々なところで影響与えていますよね。

「アンチ女」の男たちの素顔とは

香山　石原都知事の「ババア発言」[15]ってあったじゃないですか。

北原　あれは、2000年代の最初の頃ですよね。

香山　2001年くらいのあの「バックラッシュ」ってなんだったんでしょうね。特に日本の場合、フェミニズムは女性解放とか女性の自立をうたっているものだと思うんですが、たまたま日本は少子化が進んでいるからなんとかしなきゃという動きがこしばらくあります。それとうまくドッキングしてしまって、結局家庭が大事だとか、女性らしい生き方が少子化の解消にもつながるという考え方が肯定されている。あるいは「『女性も自分の生き方を自由に選択しろ』と言いすぎることで少子化が進んだ」という理屈もあった。

女性が生きづらい社会だからこそ少子化が起きているという面もあるのに、少子化と関連づけてフェミニズム叩きやバックラッシュが起きてしまったわけですよね。

15：東大名誉教授の松井孝典の発言（真偽不明）を借りて「文明がもたらした最も悪しき有害なものはババアであり、女性が生殖能力を失っても生きているのは無駄で罪、地球にとって悪しき弊害」という旨の発言を『週刊女性』（2001年11月6日号）で行い、都内在住の女性たち131名によって提訴された。

北原　女がモノ言うだけで腹立つっていう人もいっぱいいますしね（笑）。
香山　結局未だにそうなんですよね（笑）。
北原　以前、電車の中で起きている事件について書こうとしていて、「女性専用車両に反対する会」の取材に行って驚きました。あらゆる思想の持ち主が集まっていて、代表の人はスウェーデン育ちのリベラルな男の人で、男女平等の考えは理解している。だから逆に女性専用車両は男性差別だという考えに行き着いた人です。また障害を持っていた男性もいて、彼は女性専用車両にあえて乗り込んで怒る女性を撮影してはそれをネットで公開するようなことをしていました。それこそ在特会の人もいたし、赤旗の読者もいたし、セクシュアルマイノリティの人もいたし、妹がレイプに遭わないように妹には防犯ブザーを渡しています、みたいなことをおっしゃっていた男性もいた。女だったら絶対につながらないグループだと思うけれど、「反女」「アンチ女の権利」で、男は一丸になれるんですね。でも、なぜそこまで女性の権利が憎くて、男性差別だと訴えているのかは、よくわからない。本人も実はわかってないんじゃないかと思うんですよね。
　たとえば「差別された具体的なことを教えてください」と質問した時に、「アファーマティブ・アクション[16]です」って堂々と言われたんですけど、いつから日本にそんな

16：歴史的、構造的に差別されてきた集団（黒人、少数民族、女性など）に対して、雇用や教育などを保障するアメリカ合衆国の特別優遇政策。1960年代に導入された。

の始まったんですか？　実際にはアファーマティブで不利益を被ってないのに、妄想の中で差別されているんですよね。で、もう一つ教えて、って聞いたら「映画のレディースデイとか、女性だけの食べ放題とか」。

香山　『もてない男』（ちくま新書　1999）の小谷野敦さんがはしりなのかもしれないですよね。

北原　宮台さんの「性的弱者」とかモテないということが弱者であるといった言説もかなり力を持っていますよね。男ならば当然手に入れられる「女に優位に立てる権利」を持っていないという被害妄想。

香山　在特会なんかもそうですが、「自分が得るはずの権利を誰かが享受している」と考えて、「女が奪っている」という発想が「アンチ女」になるのかなと感じました。その権利をモテる男が奪っていると思うならまだしも、「俺が手に入れるはずの日本の女を誰かが奪っている。そうだ、韓流だ。韓国の男だ」という発想が嫌韓をつくりあげていったりもする。

北原　結局、妄想です。それだけ男性が追い詰められているということなのでしょうけれど、そのような追い詰められ方が、女性への攻撃という一点で連帯していくことの意味を考えたいです。考えてみれば、安倍さんも、国会で女性議員に対して態度が悪いけれど、あれも追い詰められて、女に対する優位を振るいたくて仕方ない表れなのかもしれませんね。

5

なぜ「性の売買」は問題なのか

リアルを描くヨーロッパの性表現

香山　ほかの章でも話題にしたのですが、性ってやっぱり「ヤる、ヤられる」みたいな、非対称的なものだと思いますか？　セックス自体、身体自体が対称じゃない。男性が射精して女性がそれを受ける、即物的にも行為的にもセックスに伴って男性と女性は攻めるほうと受けるほう、という非対称性がある。それと「買う、買われる」は関係があると思います？

　というのも、私は昔、地元のヤンキーの男女が結構多く通ってくる学校で授業をしていたことがあるのですが、その中の一人の女の子が飲み会で「昨日さ、男を食っちゃってさ」って言っていたんです。「『食われた』じゃないの？」って聞き返したら「え？　そうかな〜」って。それも15年も前の話なんですが、どう受け止めたらいいのかなと思って覚えていたんです。その子はもしかしたら「奪われた」とか「凌辱された」方なのに、それを認めたくないから積極的に「食った」と言っているだけなのか、それとも私が本当に古くて、男女は対称的な関係だから、どっちが先に手を出したみたいなことで言うと、彼女が事実を言っているということなのか。それがわからなくなってしまったんです。

北原　どうなんでしょう（笑）。でも、「食った」という感覚は、彼女の実感だったんじゃないでしょうか。

香山　そうなんですね。それは「しまった！　変な男にされちゃった」ということを認めたくないからではなくて、ある程度そういう意識だったと。

北原　本人としては、「自分から誘った。自分がしたかった。向こうも乗ってきた。食えた」みたいな？

香山　そういう変化は女性としては健全で喜ばしいことなんでしょうか。

北原　どうなんだろう（笑）。良いか悪いかというとそこは判断できない。でも性を被害者的に捉えられたくないという女の人の語り口はわかります。私自身、被害者としての性ではなく、自分が主体的に楽しむための言葉や場が欲しくて仕事を始めたようなものだから。自分が「食った」と思ってても、実は「食われたのはあなたよ」と言われると、傷つくと思います。

香山　私もその時に彼女にどう言ったらいいのかわからなかったんです。「いや、あなたは心に嘘をついている。食われたんだよ、大変だったね」と言うのも違う気がするし、かと言って、「ああ、今の人たちはそういうことで自分が失敗したとは思わずに、あっけらかんと言えるなんて頼もしい！」って思うのも変だし。

北原　その話って、性売買を語る難しさと似ていますね。女性が自らの意思で性を売っていても、結局それは「男主体の性売買産業に巻き込まれているのだ」と私のようなフェミニストが言うことによって、彼女たちの「主体」を私が奪っている、というような話になってしまう。

　でも性売買産業って、実際に人権侵害され、性暴力の対象になり、搾取され利用される被害者が次々に生まれるシステムでもあるわけなので、なぜ、いつまでも温存し発展しようとしているのかを考えたいし、一方でそもそも対等な性って何だろう、とも突きつけられています。構造的に考えることと、その現場にいる女性たちの声に向き合うこと、両方が必要なんですよね。だけど、世間的には鈴木涼美[17]さんのような、〝明るい夜のお姉さん〟みたいなほうが受けるんですよね〜。好きでやってます、それぞれの地獄をそれぞれの知恵で生きていくんです！　というような逞しさこそが、安心して消費できる女の性の物語なのかも。

17：1983年東京生まれの社会学者、文筆家。慶應義塾大学環境情報学部卒業後、東京大学大学院修了。執筆した修士論文が『「AV女優」の社会学　なぜ彼女たちは饒舌に自らを語るのか』（青土社）として書籍化される。大学在学中にAV出演していたことで話題に。現在は、夜働く女性たちや恋愛・セックスをテーマに執筆。

香山　本当は自分のほうが主体性を持って、それこそ相手のほうが被害者かもしれないぐらいの勢いで男の人とそういう関係を結んでも、「そうじゃないかも」って思わせられるのは、行為そのものが「攻めるほうと受けるほう」という構造になっているから、そこの幻想から抜けきれなくて「常に女性がされてしまっている」って私が思い込んでいるだけなのかという気もするんです。

また、そういう現象面や身体面だけではなくて、女性のほうが「私のほうが手を出して食ってやったんですよ」って言っても、実は背景とか構造的にはやっぱり女性のほうが何かあった時に傷がつくということがあるのか、その辺がよくわからなかったんです。

たとえば、「望んでないのに妊娠する」のは女性の側です。「キズモノ」みたいな言い方がありますが、そういう古い考え方に私自身がとらわれていて、「キズモノになるのは女性側なんだ」と考えてしまうのは、女性を守って女性の立場に立っているようでそうではないのかなと。

北原　女性は体の構造上、受け身で被害者になりやすいというより、妊娠する身体を持つ女性に対する男たちの振る舞いが酷い、社会のまなざしが酷い、という事実はありますよね。

だって、「対等」ってどういうことかといえば、同じ重さで食った食われたをすることではなく、尊重し合うということだと思うんです。たとえばフェミニストが作ったポルノ表現を見ていると、体の大きい男が女の人を組み敷くような表現もあります。体格が同じ男女のセックスが対等な表現じゃないから。でも、そこで描かれるのは、女性をエロスから排除せずに、互いを尊重し合うようなセックスですよね。そこに、食った食われたもないと思うんです。前に話したスウェーデンのフェミニストが作ったポルノも、上とか下とか挿入する側とか受け身とか、そういう役割すらも意味がないように見えるんですよ。

香山　へえ！　うまく想像できない……。

北原　そういう描き方を見れば、日本で描かれるエロというものが、いかに男性が勃起するために狂気に近い興奮状態に持っていくかという認識で表現されているんだなって、逆に気づかされます。そんな異空間に行かなくても日常の延長にエロスはあるのにねーって。

香山　ぜひ見てみたいものですが、それって日本ではDVD販売などできないんですか？

北原　私がやるしかないよ、と思って配給会社であり映画館でもあるアップリンクの社長に「これ商品化できますか?」って相談しに行ったら、「あなた、もう一回逮捕されたいの?」って言われて(笑)。それで今一生懸命モザイクを作っているんです。本当に腹立たしいことなんですが、どんなに良い表現であっても問題になるのはやっぱり性器が見えることなんです。うんざりですよ。

でもいろんな女の人に見てもらうと、「興奮はしないけど癒やされる」「こういうセックスしてみたい」という声が多いんですよね。AVを見て「こういうセックスしたい」と憧れるようなセックスってなかなかないと思うんですよね。

香山　そうですね……と言うほど見てるわけじゃないけど、女性の側から「この作品面白いですよ」といった話も聞こえてこない。

北原　結局女の人を性の商品化というか、どこまでモノ化できるかということを競うように男の人がエロとして表現している中で、鈍らされているものはとても大きいと思います。それが、あらゆる階層で表象されてきているな、って思うんですよね。

親子関係と性教育

香山　話は変わりますが、最近、「キリスト教は人間を救うか？」というテーマに個人的に関心があり、キリスト教カウンセリングについても調べています。教会の牧師の役割には伝道と牧会があって、伝道というのは信仰を伝えることで、牧会は教会の人たちのお世話とか、慈善事業とか社会貢献なんです。牧会が大変なのは想像できますよね。心理カウンセリングのプロでもないのに、様々な相談が持ち込まれる。

以前、牧師の知り合いから「結婚につまずく相談にどう答えればいいんだろう」と言われたことがあります。その牧師が言うには、「結婚のつまずき」はやはり「信仰と人格の未熟」と考える、と。そのために結婚式の前に、婚約中のふたりを呼んでキリスト教的な観点からの「結婚講座」をやるわけですが、そこでの学びが十分ではなかったと考え、牧師も反省しながら相談に来た人にもう一度、聖書に書かれた結婚の教えを説いたりするそうなのです。私は結構ビックリしてしまって、「もし本当に神様の教えを理解し、結婚の心がまえが完全にできるほど理解が深まっていたら、もう結婚する必要ないじゃないですか」って言ってしまった（笑）。

北原　わははは！

香山　特に若い人なら、もっと周りも見えない状態というか、未熟者同士だからこそ結婚なんてできるものなんじゃないのって思います。

かつて私の経験した事例について、個人情報の部分には変更を加えてお話ししますね。ある男性が友人に誘われ、クリスマスの教会に行ってそこの教会員の女性にひとめ惚れ、運よく交際が始まり、その女性と結婚したいがために、自分も洗礼を受けることを希望しました。その教会の牧師さんも「教会で結婚をするからには、信仰を持つ者同士のほうが良い」ということで、洗礼のための講座を受けて洗礼を授かり、さらに結婚講座をふたりで受けて結婚式をした。でもそのカップルは半年ほどで破綻してしまいました。そのあと男性はうつ病になって受診したのですが、牧師さんもとてもショックを受けていたと言っていました。

私はその男性に「でも仕方ないですよね、お互いがわからないからちょっと舞い上がって結婚するわけで、うまくいかないほうがむしろ自然かもしれませんね。でも結婚が経験できてよかったじゃないですか」と言ったら、「牧師さんと全く言うことが違う」と驚かれました。私は自分がキリスト教に親和性が高いと思っているのですが、結婚に関する考えは場当たり的というか刹那的というか、全然違うんだなあと思い知らされました。

北原　それだけの誓いが必要なんですね。今、伺いながら、明治の近代教育を受けた女性たちがクリスチャンになっていくのが、すごくわかるなぁと思いました。家の中に全く権利がなく、妾さんと家に同居することが法律で認められているような時代に、どれだけ一夫一婦制のクリスチャン的価値観が輝いていたのかな〜と。

ところで香山さん、子どもにとって、家庭の中の「性」って、かなり暴力装置として働いてしまうことが多いじゃないですか。たとえば今、AV出演強要問題などに関わっていると、AVの問題は自分が意に反して出演することだけでなく、家庭の中でポルノを楽しむ父親の姿や、またはそれを子どもの目の届くところにあえて置いてあるような状況も深刻な問題ということがわかります。父親が子どもを性的対象にするのは論外にしても、父親がポルノを楽しんでいるのを目撃するなど、父親の欲望や性的な振る舞いが娘に与える影響ってどうなんでしょうか。風俗に行ったことを娘に隠さないような父親もいます。

香山　だけどそう考えてしまうと、そもそも円満な両親だったとしても、自分は性行為から生まれているわけです。フロイトはそのこと自体が心的外傷で、両親の性行為を見ることとは「原光景」といってすごく大きなトラウマと考えているんです。フロイト派の精神分析の人の中には、そのことを知ること自体、誰もがトラウマを持っているという。

北原　いえ、今の話は性を隠したほうがいいという話ではなく……。

香山　夫婦間以外の性行為が持ち込まれるということですか？

北原　そうでもなくて、父親が家に持ち込む男のポルノ文化のキモさに、どう対応したらいいのかしら、と。それこそクリスチャン的な神聖な結婚をしていただいて、ポルノとか持ち込むことに激しい罪悪感を感じるような文化、一滴でもいいから注入してほしい家、たくさんある。最初のポルノ体験が、父親が持ち帰った雑誌、という私の世代は少なくないです。

香山　なるほど。でも私はそもそも、今言ったようなフロイト的な問題も普遍的な問題として大きいと思うんです。私なんかは古典的ですが、親のそういうことは完全に隠蔽されてきた世代で、赤ん坊は「突然生まれた」「コウノトリが運んできた」という時代でした。

だから逆に、クリスチャンホームというと、家族で仲良くお祈りをしている清潔なイメージなんですが、「でもその子はどうやって生まれたの？」ということについての欺瞞を隠している気がする。

北原　隠されるとセックスって、どんどんエロになっていくのかもしれないですよね。でも、これ、世代なのかな。

香山　でもやっぱり世代もあって、私たちはリアルな性教育を全然受けていなかったし、女の子だけ集められて生理の話だけされてたんです。小学校6年生の時に同級生の子の家に赤ちゃんが生まれた時、男子は、「お前のお父さんとお母さんはエロいことしたんだぜ！」とか言ってたんですが、その女の子は泣いて「絶対にしてない！」「私はお父さんとお母さんと同じ部屋で寝てるから、そんなことはしてません！」と言うんだけど、「じゃあ、どうやって生まれたんだ?」って男子が聞いたら……、私ははっきり覚えているんですが「お父さんの股から精子が出てきて、お母さんの中に入った」とか言って絵を描いてたんです！

北原　え～！

香山　そしたら男子が、「じゃあ、なんで精子はお前の中に入らずに、お母さんのところに入るんだよ」って聞き返していて。

北原　すごい問答ですね（笑）。

香山　その子が絵を描きながら泣いているのをすごく覚えているんです。そういう時代だったんですよ。

北原　時代かな～（笑）。

香山　そこは仲良し家族だからこそ考えたくないというのは、あるんじゃないのかな。

北原　それはありますよね。

香山　でも、今の子どもはしますよね？

北原　するんですか？

香山　診察室に母娘で来て、「恋人とのセックスが～」なんて言う人がいるんです。大学生でも娘が彼氏と旅行へ行く時にお母さんがコンドームを渡してくれるっていう話もあります。

北原　そうなんですか。

香山　それはまあ「気を付けなさいよ」という意味で。でも私の頃は、「結婚していない男女は旅行に行ってはいけない」みたいな考えはあったと思います。有名無実化してはいましたが、まだ親はそれを肯定できないみたいな部分がちょっとあったんです。

北原　今は違うんですか。

香山　今は違うんです。全員ではないと思いますが、実家暮らしの女の子が彼氏を連れてきて泊まっていくとか、お父さんはそれを考えないようにしているみたいな状況がある。

北原　そんなにオープンになっているのかな。

香山　そういう人も結構いると思います。

北原　性をオープンにするって、エロいことを語るということではないと思います。「性を語るのは性の尊厳に関わることだ」ということを誰からも教わってなかったなって私は思うんです。私が質問したことには適度に返してはくれるけど、性の尊厳について、ちゃんとした言葉で大人から聞いたことは子ども時代にないです。

　ただ、大人自身も、特に私の父親の世代は団塊の世代だからちゃんとした性教育を受けてきたわけでもないし、むしろ暴力的な男女関係の中で愛やエロスを体験する青春時代を送ってきたから、私に教えるような言葉を持たなかったんでしょうね。今、自分が当時の父親たちの世代になって思うのは、子どもに教えることをすごく恐れていたんだなって思う。

香山　教えるとしたら、どういう言葉が相応しいんですか？

北原　その子によるだろうなって思いますが、私が今になって感謝しているのは祖母ですよね。私が祖母に「コンドームってなに？」と聞いた時、たしかまだ10歳ですよ、「それは男のペニスに着けるものだ。そうすると女は妊娠しないんだ」って顔色ひとつ変えずに言える人でした。

香山　それは、お父さんのほうのお祖母さん？

北原　母親です。そこにエロス的な文脈がなく、真っ正面から答えてくれた祖母を思うと、本当に信頼できる大人だったんだなって思いますよね。

香山　ああ、なるほど。お祖母さんが即物的に教えてくれるというのは、ネットの「Yahoo!知恵袋」みたいな感じだったということですか？　性ってロマンティックラブのゴールみたいなイメージもあります。そこが分かちがたく結びついているから、説明する側も「赤ちゃんってどうしてできるの？」って聞かれた時に、「性器が……」ではなくて、「すごく好きな人に出会った時にできるのよ」というふうに語られがちなんですよね。

北原　祖母は、即物的に答えてくれたというより、女の子の将来に必要な情報だってわかって、そしてそれを私が理解すると信頼してくれたから答えてくれたと思うんですよね。祖母も女で、そしてやはり、男に振り回されてきた人生だったと思うから。

でも、そういう大人はいても、セックスを素晴らしいものとして語るような人も、いなかったですね。妊娠したら傷つくのは女の子だ、とかいう脅しはさんざん学校教育の中で受けましたけど。

香山　キリスト教がどんなふうに説明するのかはわからないんですが、たぶん神様の前で結ばれたところに子どもができるみたいな、ロマンティックラブの究極みたいに言われるんじゃないのかな。

北原　自分の両親の話をすると、私の家はロマンティックラブ・イデオロギーど真ん中の家庭だったんですよね。恋愛結婚した二人の恋愛がずっと続いているような状況に、子どもとして関わらせていただいている、というような気持ちで生きていました。なんでうちの両親は他の家の親みたいに、パパ・ママと呼び合わずに、名前を呼び捨てし合ってるんだろうとか。それがどういうふうに自分の性に影響しているのかはわからないですが、でももし自分の父親が夜中にAVを観てマスターベーションして、女の人の家に行って帰って来なかったりとか、それに耐えている母親だったとしたら、おそらく私は性をポジティブに捉えるような仕事は出来なかったかも。

香山　風俗の仕事に就く人は、父親からずっと虐待をされていたり、父親が不貞をしていたりして、それへの復讐だということが精神分析的な解釈としてよく言われたりします。風俗嬢って長くやっていると、お客を軽蔑したり、男性をモノ化しようとしたりする。それは父親、男への復讐みたいな側面がある。でも逆に自分の身を斬りながらやっていることだから、自分が復讐しているようで知らない間に自分が傷つけられたりして擦り減っていくという悪循環なんです。

北原　母と娘の関係ってフェミニズムの中でもすごく大きなテーマですけど、それは結局、母と娘の背後にある父と母との関係の問題でもあるんですよね。母親が父親と、男と女として向き合っている関係じゃない歪みって娘にも息子にも影響します。

香山　そう考えると、私も子どもがいなくて良かった。父親たる人がいたとして、子どもに悪影響が出ないように関係を保つ自信なんて全くないし（笑）。

北原　昨日、ご飯食べている時に私と同世代のサラリーマンたちがいたんですが、ずっと女性の話をしているんです。

香山　そういう人は多いですよね。

北原　おそらく子どももいるよね、妻いるよね、という感じの40代くらいの男たちがフィリピンに行った話とか、女の体の話とか、未だにするんだなって驚いた。ずっとその話でお酒を飲んで下品に笑っていて、また私自身、そういう話をそんなに珍しいと思わずに、「まあ、こういう人いるよね」って思ってしまう感じもつくづく嫌だなと思いました。でも、そういう男をただす、ふざけんなと怒る、息子を持つ母親の責任ってそれくらいのもんじゃないでしょうか。

「モノ化される喜び」は奴隷の最終形

北原　芸大の卒業展でラブドール[18]を妊娠させた、という発想でつくられた作品が賞を取りましたね。女性がラブドールを使った作品をつくったということもあって、メディアでも大きく取り上げました。こういう作品って、一見トリッキーだなと思うんです。

たとえば、「セクハラ・インターフェイス」「ペッパイちゃん」という作品が話題になった市原えつこさんという作家がいます。触ると女性の声であえぐ大根とか、セクハラ的な触り方をしてロボットが怒るとか、そういうような「体験型」の作品です。性を露骨に表現する美術作品って、善し悪しはあれど、作者のジェンダーも「作品の評価の一部」になる面があります。男性がこの手の作品をつくったらただの悪のりに映りかねないけれど、女性作家がつくることで、この表現物には批評精神があるに違

18：2016年の東京芸術大学の卒業・修了作品展で注目を集めた、腹部を肥大化させ妊娠をモチーフに制作されたラブドール（ダッチワイフ）の写真。

いない、あってほしい、みたいな願望も生まれる。市原えつこさんに関してはツイッターなどのご発言しか追っていないけれど、サブカル的なのりで、最初はやられて、後づけでフェミ的なことを言ってみてはいるけれど……という感じなんですよね。フェミニズムアートは、男性が表現してきた女性の肉体の意味を取り戻し、新たに女自ら表現する力だったと思います。それよりも、市原さんのは一見、性や身体を扱うフェミニズムアートの文脈にありそうだけど、実は、痛みのない笑いや、女の肉体の無力化を肯定するような反フェミニズムに見えます。それは、ご自身の女性器の3Dデータを頒布して逮捕されたろくでなし子さんにも通じることだと思うんですよね。

だから芸大の方の作品をちゃんと見極めたいなと思って、講演を聞きに行ったんです。そうしたら、ラブドールとはそもそもAV女優を模しているものが多いそうなのですが、その作家が「AV女優は女性の憧れでもある」というようなことを、さらりとおっしゃっていた。そこにはラブドールという女のモノ化や、AVの中での女のモノ化を問う視線はなかったんですね。そこは前提なのか、という新鮮な驚きがありました。

香山　女性の中に「私も求められているんだ」みたいな人もいますよね？

北原　それをモノ化の最終形というんでしょうか。

香山　行き着く先の究極の形態で「モノ化したい」っていう人もいるじゃないですか。「オモチャになりたい」みたいな。

北原　まさにドールですね。

香山　「いたぶってほしい」っていう、ある種マゾヒスティックなものもあるかもしれない。その人にモノとして必要とされることで、かろうじて自分の存在価値を確認したいという人もいると思います。

北原　そういう人も診察室に来ます？

香山　来ますね。まあ、本当にそうされることで満足するということでもないのかもしれないし、そこに痛みを感じないようにしているだけで、騙されているとか搾取されていることはわかっているんだけど、でも性的だけでなくとも、完全に抑圧されて操作されることとでしか、「それでも必要とされている。むしろ、私は望んでやっているんだ」みたいなことを思えない人はいます。

北原　そこは鈴木涼美さんもおっしゃっていますね。もちろんそんなのは女性にとって良い状況ではないっていうことはわかっているんだけど、そういう今の社会をどう生き抜くかで女の賢さが問われると。だから、皆それぞれ自分の賢さで自分の人生をサバイブしているんだっていうことを書いています。

なので、モノ化されることに喜びを得るのは、悲惨な状況でありながら、キラキラするものに吸い寄せられる自分を笑いながら生きて行くような世界観で、モノ化されることが奴隷の最終形なんですね。それを「ダメです！」って言うと、エロス的な文脈がわからない、複眼的で多面的な見方ができないフェミニストになってしまう（笑）。

香山　そうですね。『マッド・マックス』にも、ただ産んで授乳するだけの〝子産み女〟というのが出てくる。でも途中から、「これではいけない！」と思って逃げて、そこはすごくわかりやすい解放とか自立を意味していると思うんですが、むしろあそこで「ここから早く逃げましょう！」って言っても、「いや、いいんです。私はこのままで幸せなんで」ということもあるかもしれませんよね。

そこにフェミニストが「あなたたちは騙されているから早く逃げて！」と言うと、フェミニズム的な過剰なお節介みたいになるわけですよね。

北原　目覚めている人が目覚めていない人に「あなたも早く目覚めなさい！」って言っているようなイメージですよね。実際、自分の友達でとんでもないDVや浮気をされて苦しんでいる時に、「もう別れなよ！」って私が言って別れた友達は一人もいないんですよね。逆に嫌がられます。

香山　なんで別れないんでしょうかね。

北原 性暴力被害の当事者を支援している社会福祉家の方がおっしゃっていたことですが、人って、知らない恐怖よりも、知っている恐怖を選ぶと。どういうことかと言えば、激しいDV被害を受けて逃げている女性であっても、全員が離婚して自立して自活する道を選ぶわけではないんです。別れないことを責めない、逃げないことを責めないのが、支援者の鉄則だそうです。

だけど、その前、ほんとにその前の社会的な構造とか、子ども時代の教育とか、いろんなことを変えていけたらいいですね。

DV男と性被害

北原 香山さんは男に殴られたことは、ありますか？

香山 ないですね。あ、患者さんからはあるな（笑）。

北原 え、診察室でですか？　二人っきりの状況で？

香山 そうなんですが、患者さんが殴ってくることはよくあるから、診察室は後ろにドアが付いているし、ブザーも付けていて、何かあれば逃げられる構造にはなっています。

北原　それは怖かったですよね。男の人に？

香山　そうです。髪の毛を引っ張られるとかね、ありますよ。でも白衣を着ていたらモードが切り替わるから、ドラマの『ER緊急救命室』みたいな雰囲気で、「ちょっと何やっているんですか？」っていう強い態度で臨めるんです。むしろ、電車なんかだったら怖いだろうなって思うんですが。

北原　ああ、そうか。白衣の力ってすごいですね。私、もう15年以上前の話ですが、付き合い始めの人がいて、向こうがしたがっていた時に、眠いからって断って寝たんです。そうしたらすごくイライラされて、「フェアじゃない」と怒り出した。すごく眠かったんだけど眠気が醒めて「はあ？」ってなったら、「あなたはワガママだ」ってさらに大声で怒られた（笑）。もう完全に目が覚めて、飛び起きて家に帰りました。でも帰っている間も電話がかかってきたし、それから1週間、毎日携帯に留守電がものすごく残ってた。でも男に大声を出されるというのは、私にはお終いのサインなんですよね。

香山　わかります。

北原　危険信号じゃないですか。その信号をどこで覚えたのかわかりませんが、「こんな男と付き合っていたら自分がダメになる、殺される、許しちゃいけない」って。でも男が留守電で「僕はお母さんとの関係が複雑で、すごく暴力的な家庭に育ったからコミュニケーションがうまくとれなくて、もうこんなことはしないから許してください、許してください」って言って泣いているんです。私は全く心が動かされなかったんだけど、あのタイミングで許していたらどうなったのかなと思います。でもきっと要求されたら我慢して行為する女の人のほうが多いかもしれないですよね。

香山　そうなんですか。私はあまりそういう被支配的な関係になったことがないので、わからないんですよ、率直に言って。

北原　好きだから許したいとか理解したいとか思う女性は、少なくないと思うんです。だけど自分が「嫌だ」って思う感覚をちゃんと信じて安全が保たれてきたというのは、私がすごく運が良かっただけで、そこで殴られた子がいるかもしれない。そう思うと、全ての男女関係が他人事じゃない。お節介なのかもしれないけど、そういう感覚が自分の中にあるんだなって思うんです。でもその時、私がいたのって、アメリカだったたんですよ。

香山　じゃあ、相手はアメリカ人だったたんですか？

北原　そうなんです。体も大きかった。しかもそれは真夜中で、タクシーもつかまらなかった。今から考えれば私、よく夜中に歩いて自分の部屋に帰ったなと思うんだけど、でも夜中の街の怖さよりもその男といるほうが怖かったんですよね。そんな夜中に外で殺されたかもしれないし、結局どの選択でも危険だったけど外に出て、たまたま自分は生き延びたんだなと思いました。そう考えると、全て他人事じゃない。

香山　沖縄で米軍の男性に殺された女性の話も、そのニュースを聞いた女性が当事者性を持ってしまったら怖くて何もできなくなってしまうから、「いや、あれは夜中にジョギングしていたのが悪かったんだ」「露出していたんじゃないか」とか、当事者性を感じないことで不安や恐怖を感じないようにして回避している面もあるんです。だから一概にそういう女性のことを無責任だとは言い切れない。女性は「あの人がちょっとおかしかったんじゃないの?」って言うことで、「私は大丈夫」と思いたいんですね。

北原　そうですね。

香山　でも、元TBSのジャーナリストに強姦された詩織さんに対して、「顔出しするなんて売名だろう」「シャツのボタンがふたつもはずれている」みたいに、とにかく被害者側に非があるような言い方って常にありますよね。それはいじめとかヘイトスピーチもそうなんですけど、多くの性被害って本当にたまたまその人が狙われてしまったということで、誰にでも起きうることなんです。だけど、そう思いたくないという人がいる。

北原　そうなんです。だから厳密には私は殴られたことも被害に遭ったこともないんだけど、でも「嫌だ」っていう感覚はものすごくある。

香山　なるほど、なるほど。

北原　日本の社会では女の子たちがその感覚を鈍らされていると感じます。

なぜ怒りのトーンをジャッジされるのか

北原　「慰安婦」問題が終わらないというのも、どこかで「あの時代、戦争なら仕方なかったでしょう」って思っている。自分に引き付けては考えていないんです。

香山　「仕方ない」ことに関しての言い訳って、みんな必死にするんですよね。「他の国にもあっただろう」とか。

北原 そうなんですよね。でも「慰安婦」問題を終わらせられない本当の理由は、それって単純に、現代日本の進行形の問題だからなんですよね。過剰に男の欲望に寄り添い、過保護に守り、男が性的にあぶれないように社会制度を整え、そのために女性のモノ化を経済として文化として発展させ続けてきたこの社会の今の問題とつながってる。

たとえば、「慰安婦」は性奴隷だという言い方ありますよね。「奴隷」の国際的な定義は、移動の自由がない、居住の自由がない、職業選択の自由がないことなので、「慰安婦」女性たちは日本軍の性奴隷状態だったと言うしかない。そしてこの言葉は別に「お前は性奴隷だ！」と「慰安婦」の女性を指差す言葉じゃなくて、彼女たちが置かれた状態を的確に名付けた言葉でしかないんですよね。

それでも、「奴隷」という言葉は非常に強いので、たとえば「慰安婦」問題で、「慰安婦」は「性奴隷」だったという言い方は「慰安婦」の女性に失礼だ！ 彼女たちは時には業者と対等に渡り合うこともできる主体的な存在なのだ、とか主張する人もいる。また、軍票を集め貯金をしていた女性に対し、「奴隷という定義にはそぐわない」と言う人もいます。そして、「性奴隷」という言葉を使う人たちに対し、「慰安婦」の女性の主体性を疎外している、というような複雑な批判をする人いますよね。その象徴が、櫻井よしこさんや秦郁彦さんから、上野千鶴子さんや高橋源一郎さんまで、幅広く日本の言論人に絶賛された朴裕河さんの『帝国の慰安婦』（朝日新聞出版 2014）です。

この本は、事実レベルでの間違いがあまりにも多いので、本来ならばまともに評価されること自体が変だと思うんだけど、たとえば上野千鶴子さんは「事実のレベルで評価するのではなくて、記憶と語りのレベルで評価しなければいけない」と、強引な評価をしている。

香山　朴裕河さんを肯定する側の人たちが論稿を寄せた『対話のために「帝国の慰安婦」という問いをひらく』（クレイン 2017）という本があります。ここまで被害者が明らかなのに、「対話」というのは、何をか言わんやっていう気持ちになります。当事者との対話ではなく、ということなんですかね？

北原　この本の帯には「不毛な〈訴え〉を終わりにしたい。〈正義の争い〉から『冷静な対話』へ」と書いてあります。「落ち着いてください。冷静に対話しましょうよ」と言っているんでしょうけど、男たちがこれやるならまだしも、上野千鶴子さんとか加納実紀代さんとか、若い私が憧れて読んでいたフェミニストが名を連ねているのが辛い。トーンポリシングという言葉を最近知ったのですが、「怒っている相手に冷静さを求めるのもひとつのハラスメントだ」と定義されているんですよね。正当な抗議をしているのに、抗議の内容ではなく、その声のトーンを嘲笑する批判の仕方。いやらしいですよね。

香山　へえ、三浦瑠麗さんのようですね（笑）。中立的な立場からどちらのことも批判する。しかし最初から権力側とそれを持たない側、支配側と被支配側という非対称性があるのだから、中立を装うと結果的には権力側に加担することになる。それを自覚していないんですよね。

北原　「冷静になってくださいよ」って、すごく傷つくんですよね。「あなたのトーンだとまともに相手にできません」っていうことを、フェミニズムはずっと言われ続けてきましたから。

でもマイノリティの運動は常にそうですよね。少数が叫んで怒っていると、「いや、そういう喋り方をしていると戦略的に上手じゃないよ」とか、フェミが怒っていると「そういうフェミの怒りは怖いからもっと優しく」とか、常に怒りのトーンをジャッジされて「もっと冷静に」って言われるのがフェミニズム側なんです。

香山　いま「怒りのポリティカルコレクト」って言われますよね。それって日本だけじゃないみたいで、最近ＣＮＮを見ていたら、アメリカの卒業式でトランプ支持の教育長とかトランプ政権の人が祝辞を述べたりすると、ゾロゾロ退出するのが流行っているみたいなんです。それをキャスターが「これではいけません。私もある学校でスピーチをしてきました」と言って映像が流れるんですが、「トランプに反対する人も、ただ怒りの声をあげるのではなく、対話で相手の言い分を聞くことで道が開かれるのです！」とかもっともらしいことを言っていて、「こんな奴、アメリカにもいるんだ！」って思った。その人は、「私は別にトランプを支持してはいません」と言うんですが、ただ怒鳴ったり大人げなく帰ったりするだけでは何も生まれないって言うんです。

北原　それ、まさにカウンターが言われてきたことじゃないですか。

香山　本当にそうなんです！　トランプが出てきたこのタイミングでもこんな人がいるんだって思って驚愕しました。

北原　怒っている人に対して、「まず落ち着いて」って、いちばんの嘲笑になるんだなと思います。なぜこの人たちはこんなに怒っているのか、なぜこの人たちをこんなにも怒らせたのか。怒っている人がどう考えてもマイノリティで痛めつけられている側だったとしたら、まずは話を聞くとか、痛みを引き受けることから始まると思うんですが、余裕がないんだなと思いますね。

香山　だからたぶん第三者から見ると、どっちもどっちに見えちゃうんだと思うんです。ヘイトスピーチをしていて、現象としてはお互い「帰れ！」って言い合って怒鳴り合っている。やっていることの質は違うんだけど、その場面だけを目撃しちゃった人はお互いが憎悪しかないように見えるんですよね。「いや、こっちが正当な怒りなんだ」と言うと、「誰がジャッジするんだ」って言われて、「ヘイトスピーチと決めつけるお前らがレイシストだ」とか言われるわけです。トランプ的なもの、安倍的なもの、つまり権力、強者に対してどうしたら良いのかと思ってしまう。

北原　冷静な対応したって、どうせ聞かないですよ。それにこっちは武器もないし、そうすると叫ぶしかないと思う。その叫びが届かないとか、かき消される社会のほうが怖いんですよね。

日本のメディアでは「韓国は感情的で、途上の段階にある民主主義だ」という見方をしている記事も見かけますが、韓国の状況を見ていると、怒った民衆の声を受け止める社会や受け止める政治家がいます。政治家というのは期待した分だけ裏切られるのが常ではあるけれど、演説で「尊敬する国民の皆さん」って呼びかけてくれるリーダーがいるのを韓国で見ると、安倍さんみたいなリーダーとは比べものにならなくて、羨ましいなって心から思ってしまう（笑）。韓国では、差別が構造的にこの社会にあるんだ、人間は差別をする生き物だっていう視点で止まってしまわずに、なるべく社会を良くしていこう、差別をなくしていこうという決意を持った政治家がいて、そういう人を育ててきた民衆社会があることが本当に羨ましいです。

香山 ただ、女性差別や民族差別、人種差別がいけないことだというのは私が子どもの頃から言われてきましたが、この期に及んでも解決していないどころか、もっとくっきり表れていることが信じられないですね。

北原 信じられないですよ。どこかでみんな「差別は仕方ない」と思っていて、変えようとは思わないいんだと思います。

女性が安心して自分を出せる場を

香山 少し遡ると、日本でも80年代は女性側もコムデギャルソンを着るとか、『ａｎ・ａｎ』でも茶色い口紅を塗るとかありましたよね。

北原 茶色どころか黒でしたよね（笑）。

香山　そう。とにかくヒラヒラしたものを拒否して、胸も強調しない洋服で武装して、男に媚びることを拒絶した時代がありました。ここ何年も女性誌を読まずにいて、ある時久しぶりに見てすごくビックリしたのが、「今年の流行りはシフォン」ってすごくピラピラしたパステル調の透け感。「これ下着じゃないの⁉」って思うような服が流行っていたんです。もちろんそうなる過程はあったんだろうけど、「どうしちゃったの、もう白旗を揚げた？」って思ってしまった。あの時は頑張って黒い服を着ていたけど、胸を寄せて上げる的なことが反動のように一気に復活してしまった時、「もうファッションの世界では女性も髪の毛を刈り上げるということはやめたんだな」って思いました。

北原　ああ、でも私はああいうファッションが嫌いじゃない。いわゆる女の子っぽい、ヒラヒラした、柔らかいものを安心して着られるようになるのがいちばん良いなって思うんです。

香山　まあ、それはそうですね。ただそれって実行するのは予想以上に難しいし、何かあった時には「ほら、ヒラヒラしたものでオトコを誘うからだ」と攻撃されることを考えると、どうしてもモノトーンで武装してしまうことになるのです。

北原　むしろ男がスーツを毎日のように着ているのが気持ち悪い。ちょっと格好良くないファッションの流行が続いていると、居心地の悪さを感じます。

香山　「名古屋嬢」とか言われる縦巻きの髪なんかも、見ていて居心地が悪い（笑）。

北原　海外の人からは日本の状況が異常に見えるみたいで、先日オーストラリアからフェミニズムの研究者が来日していた時に「日本の女の子はなんであんなに少女みたいな格好をして、内股でヨチヨチ歩いて媚びた声で喋るんですか？　可哀想」と言って泣き始めちゃって（笑）。

香山　え〜！　泣き出したとはまたすごい。

北原　もうカルチャーショックだったみたいで。あまりにもナチュラルじゃない〝女の子〟というロボットのような振る舞いを求められていることにビックリするって。でもまあ、泣かれるような状況なんだろうなって思いました。オーストラリアが最高っていうわけでもないんでしょうが、日本はそれくらい女の人がモノを言えないように見えるんだなと思いました。

先日、堀江有里さんという神学者でＬＢＧＴの、フェミニストレズビアンの牧師さんに20年振りくらいに会ったんですが、彼女は私の会社に来てくれて「北原さんは女の会社を作ってきたんだね」と言ってくれたんです。女の人がのびのびと働ける空間は日本社会に少ないんじゃないかと。やはり男の人とつがわないで生きていくことって、貧困や差別に直結する確率が高くなるんです。男の人に依存しない生き方ができないような制度が結構ある。その中で女の経済をちゃんと支える場所を作ってきて、あなたは偉いねと言ってくれた。すごく褒められた気がして嬉しくなってしまいました。「そうだ、私はそれをやりたかったんだな」って思い出したんです。

香山　そうなんですね。女性社員しかいないんですか？

北原　会社には女性しか入れないって決めていました。もちろんセクシュアリティはいろいろですよ。でも、安心して自分を出せて、自由にモノを言えて、男の顔色をうかがわなくても良い場所って本当に限られているんだなって思いました。そういう場所を増やしていくこともフェミニストの大事な仕事ですよね。フェミニストの経営者が、もっと増えていけばいいなと思います。

戦争を高笑いで忘れ、女性で癒やした日本人

北原　テレビ東京の『スナックワールド』というアニメが子どもに大人気らしいです。

オネエダンスを踊るキャラクターが出てきたりして、それが笑いの記号になってる。ＬＧＢＴとかセクシュアルマイノリティの権利についての考えを積み上げてきて、「ここに来てオネエダンスか？」と拍子抜けしてしまいます。登場人物の女の子はフリフリな服を着てて、男の子がスケベなことをしたら、女の子が怒ってドヒャーッとなるというパターンもあって、「昭和か？」と思ってしまうような価値観が子どもたちにウケていると聞いて驚いてしまった。友達のお母さん曰く、子どもが食いついてオネエダンスを踊りまくる前では何も言えないと。

その友人は、昭和のドリフの笑いと変わらないと言ってました。それを受けて、70年代のドリフを先日見返してみたんですが、すごく軍隊のコントが多くてビックリしました。実際に起きた、八甲田雪中行軍遭難事件の死の行軍のパロディや、炭鉱の話とかも出てきたりする。軍歌の替え歌も多い。かと思えば高度成長期の過酷な企業の話とかもあって、そこに志村けんが下着姿で出てきて、「お茶です〜」とか言って、セクハラ的な笑いもとる。

だけど70年代ということは、戦争が終わってまだ30年しか経ってないんですよね。それなのに日本軍のパロディで、私たちは大笑いしてたんですよね。あれ、なんだったんでしょうね。

そんな話をしたら、聖路加国際大学の津田篤太郎さんが「笑うことで忘れようとしてたんじゃないか」って言って、なるほど、って思いました。本来笑ってはいけないことを笑うことで、なかったことにできる……という。で、当然、女性の描かれ方はセクハラ要員です。暴力を笑って、セクハラで癒やされるという。

香山　ドリフのコントでも、加藤茶が「ちょっとだけよ」ってやって。

北原　そういう文化で育ってきた世代の大人が、大人になって「昔はもっと自由にいろいろ表現できた」とか言って、メディアリテラシーの感覚もなく、人権侵害表現を「笑い」とか「サブカルチャー」という体でうっかり表現しちゃうのは、まぁ、よくわかる……という気持ちにもなりますよ。

香山さん、昔はAVはカウンターカルチャーだと思っていたとおっしゃっていたけれど、今も男にとってはそのくらいの気軽さだと思うんですよね。最近、町で声かけて自分の家に連れて来て逃れられない契約を結んで、200人くらいAVに出演させて、DVDで何億円か儲けた48歳の男が逮捕されました。それは一人の女性が支援者に訴えたことから発覚し、警察に結びついたわけだけど、男にとっては気軽なアルバイトだったかもしれませんね。でも、もしかしたら発覚しない事件がどれだけあるのか、一人の告発の背後に何千人、何万人の沈黙があるんだろうという世界なんだな、と気がつかされました。

香山　そうですね。当事者が告発できればもちろん良いんでしょうが、当事者は渦中にいるから、やっぱり渦中にいない人が言わないといけないわけですよね。

北原　そうなんです。性暴力の問題に関わっている人たちは大変なことをやろうとしているんだなって思います。

丁寧に考える力を

香山　暴力は受けていなくても、セックスレスも、女性が人間として向き合ってもらっていないという意味で、ひとつのネグレクトの問題だと思います。

北原　そうですよね。鈴木邦男さんが「この国の愛国は男性化だ」とおっしゃっていて、女嫌いと今の右傾化が男性化だというのは、その通りだなと思いました。

女性嫌いの文化と、大きな主語で語りたがる右傾化というか「排除」が重なって見えます。非常に生きにくいし緊張が高まっているし、その中で女の人の自尊心が損なわれていく気がする。社会的にもこれだけ貧困が進んでいるのに国から手を差し伸べる制度もなくなっている中で、女性はますます男に依存しなければいけない状況になっています。

香山　女性で発言していくためには櫻井よしこ的に保守的になっていくと、保守論壇で大事にされて良い目に遭うんですよね。そういうこともあってか、女性の発言者が今保守化している気がするんです。

北原　そういう女性は冷静であることが求められているから、右傾化して国に寄り添って、攻撃はしない。あの人たちの共通点は「冷静を振る舞う」という感じがします。一方で、冷静ではない側にいつも田嶋陽子さんとかフェミニストが置かれる。思想の中身ではなくて、この社会で冷静でいられるかどうかみたいなところが問われている感じがするんです。

香山　私が今回訴えたチャンネル桜に関しては、女性が必ず司会のアシスタント役で出ていて、男性が喋っていると、「本当ですね」「どうしてそんなことを言うんでしょうね」ってクールダウンさせたりする狂言回しを演じているんです。

北原　わかる。合いの手役でね。

香山　そうなんです。「そちらは？」って違う人に話を振ったりする。たとえば辛淑玉さんとか私を話題に取り上げては、「どうしてこんなに狂乱しているんでしょうね」って冷笑していて。この女の人たちは、何のためにこの役割をやっているのか。ビジネスなのか、本気なのか、生き延びるためにやっているのか。「桜が似合う」とか「今日は着物が似合う」とか言われて喜んでいるけども。

北原 でも、男に褒められて受け入れられて良いことなんてあるんだろうかって、私は思っちゃうな。右翼グループの男女差別について、私に手紙を書いてくれてた女性がいたんです。以前は愛国グループに入っていて、歴史的なことを話すと「すごい」と褒められて、そこに入っていることで自分が肯定された気がしていたけど、性的な事件があったことを機に、男性に同等に見られているわけではなかったんだと気づいたそうです。酒井順子さんの『男尊女子』（集英社 2017）って、まさに言い得て妙というか、そういう女の人がいることは事実だし、そっちにいたほうが生きやすいと信じたい人もいるんでしょう。でも男と一緒に愛国するより、国を裏切って好きなことしたほうが楽しいのにね。

香山 そういう人たちは信念でやっている部分もあるかと思いますが、常に生きやすさを求めてとか、クレバーに見えるからという理由でそのスタンスを取る人もいますよね。反原発から今や極右のアイドルになってしまった千葉麗子さんなんかが典型だと思うけど、自分に注目してくれたり肯定してくれたりする場所を探しているだけな気がする。
　でも一方で、辛淑玉さんとか雨宮処凛さんみたいに、頑張って発言をしたりする女性は幸せなんですかね？
北原　いやだ～。そういうこと聞くんですか？（笑）
香山　いやいや、あとは落合恵子さんとか。もちろんその人たちのプライベートなんてわからないし、尊敬する人たちはたくさんいるけど、人間としてパートナーとして向き合ってくれる男性がたくさんいるとは思えないじゃないですか、辻元清美さんとか。そういうのがなんか嫌なんです。
北原　なんか嫌って！（笑）
香山　外国に行くしかないのかしら。
北原　そうですよ！　飛行機に乗りましょう！（笑）
香山　でも社会に関してモノを言う女を煙たがらずに魅力を感じて、「一緒に生きて行こうよ」と言える男が極めて少ないんじゃないかという気がするんです。
北原　そうでしょうね。
香山　それはずーっとあると思う。まだ「怖い」とか言う人もいるだろうし。辻元さんだって女同士では「私が男だったらあんたを放っておかないよ」「あんたはイイ女だよね、世の中の男って本当に見る目ないよね」って言っているんだけど、男が選ぶのはいつも違う女。結局そういうことをしていると幸せになれないのかと思ってしまう。

北原　でも私は小学生の時にそれを悟ったな。だって、だいたいクラスでモテる女の子って、どういう子かがわかるじゃないですか。そうすると、あれにはなれないと思った。

香山　中学くらいの時に、「小学校の卒業文集で将来の夢に『お花屋さん』って書く子がモテるんだ」って話していた記憶がある（笑）。

北原　だから、この国の男にモテるということが不名誉なことだって切り替えればいいじゃないですか。男の人が変わることを求めなければいけないけど、今の段階でモテるのは、結構です、みたいな（笑）。

香山　やっぱり、「なんだかんだ言ってもモテたい」「なんだかんだ言っても男と女は違うんだ」みたいな感じじゃなくて、もうちょっと「こうあるべき」ということを大事にしてほしいですよね。

北原　そうなんですよ。日本人は戦後、ドリフを見て高笑いしていろんなことを忘れてきたけど、私たちは歴史をちゃんと教わっていないんです。なんでこんなに香山さんや私が怒ってなきゃいけないのかしら。ほんと、ぎゃんぎゃん言う女の言葉に耳傾けてくれ。

香山　「なんだかんだ言ったって、外国人は嫌じゃん」って本音みたいなことを言って、タブーに挑戦しているとか正直だとかいうことではなく、もうちょっと理性的に、何を目指してきたのかを考えてほしい。

北原　そうなんですよ。妙に冷静に現実主義的に語ることが正義みたいになっているから、セックスワーカー論も後戻りしているけど、そうじゃなくてそこで起きている被害とか差別、性産業を支えている歴史や文化を考えることもセットじゃないといけない。

香山　水掛け論みたいですが、沖縄の基地問題と同じなんですよ。「沖縄なんて基地に依存してるんだからなくなったら困るだろう」って言うけど、基地とか原発に依存しなくても自立できるような状況を作らなければいけなかったわけです。

セックスワークも、「それで生きている人がいるんだから」と言ったって、それがなくても彼女たちがちゃんと食べていける土壌を作っていかなければいけないのに、そっちはないことにして、「彼女たちも望んでいる」「あったほうがいいんだ」ということに話を落ち着けてしまう。

北原 そういうふうに丁寧に考えていく力をつけないと。

香山 "丁寧"に……、そうですね。それを放棄している。それこそ反知性主義なのかもしれない。順を追わずに、トランプみたいに「やっぱりイスラムは嫌じゃない?」って結論だけ言うということが多くなってきている。

北原 どういう社会を目指したいのか、結局そこが問われますよね。自己責任や自己決定という言葉で、弱者を切り捨てるような社会ではない道をつくるために、リベラルが本気にならなくちゃいけないことだと思います。男性にこそ、変わってほしい。そして女は、もっと女でいることを楽しめるような、自分を信じられるような、そういう力をつけていきたいですね。

おわりに

香山リカ

北原さんと何度かにわたって話しながらずっと、「私はフェミニストなのだろうか」と考えていた。

私は、自分の生き方、考え方の基本は「リベラル派」だと思っている。『リベラルですが、何か？』という本も出したことがある（イースト新書２０１６）。

では、リベラルとは何か。

そのまま訳せば「自由主義」であり、欧米では「リベラル派」「リベラリスト」と言えば、個人主義にして市場主義経済を重要視し「小さな政府」を求める人たち、いわゆる新自由主義の信奉者を指すことが多いのだという。ところが、「日本的リベラリズム」はそうではない。「個人の重視」は基本だが、それは日本では「独裁と戦争に反対」とセットであり、さらにはそれぞれの個人を大切にするために福祉の充実や人権の尊重、平等の実現が必要だと考える。その結果として、市場主義経済や激しい競争主義にはむしろ否定的。これが日本のリベラル派であり、私もだいたいそれと同じ考えだ。

その上で「私はなぜリベラル派か」と問うたのが先にあげた本なのだが、それに対するもっともシンプルな答えは「私は精神科医だから」である。精神科医はうつ病などの心の病に陥った人に「それはあなたが悪いのです」などと自己責任論を振りかざすはずもなく、病を得てもその人が自分らしく生きられるように、社会の偏見を取り除き、その人たちの生活や職業が保障されるような公共の福祉政策を望む。もちろん、戦争は人の命を奪うものであり、命を救う仕事である医師がそれを肯定などしたら、完全な矛盾ということになる。そういう意味で私は、「自分はリベラル派以外あり得ない」と当然のように思っている。

さて、フェミニストのほうはどうだろう。

本書では「フェミニストとは」という定義の話はしなかったが、もちろんリベラル派が言う「個人の尊重」には「性別や民族、人種などの属性に左右されない」という前提があるはずで、その意味においては私はフェミニストと言ってもよいだろう。もっと簡単に言うと、女性が不当な差別を被ったり、自分が言いたいことやりたいことを「女性だから」という理由でがまんしなければならないのは、どう考えても個人として尊重される生き方ができているとは思えない。それにはもちろん反対だ。

とくに、国家によって仕掛けられた女性差別、女性の権利剥奪、さらには積極的な被害に対しては、なんとしてもそれを可視化し、加害側には強く反省してもらわなければならない。だから、北原さんが語ってくれた従軍慰安婦の問題については、全面的に共感、同意できた。

しかし、男性中心社会、家父長制社会の産物、影響と思われるあらゆる文化、制度、慣習までを否定すべきか、と言われたらどうか。その点について、対談の中で何度も違いが浮き彫りになったのではないだろうか。

たとえば、私は北原さんが問題視した一連のＡＶ作品（それが話題になった90年代には〝社会派ＡＶ〟などと呼ばれてもいた）が世に出たとき、「これは既成のポルノグラフィの概念を破壊するものだ！」とおおいに評価した。たしかにいま考えると、ドキュメンタリー色を出すため、説明せずに女優を監禁に近いような状況に置いたり、男優でもない路上生活者の男性とのセックスを強要したり、ひどい演出が多かった。それが女性の「個人の尊重」かと言えば、全く違うだろう。しかし、当時の私には、それは「ＡＶといえばあり得ないファンタジーのような物語の中で男女がキレイごととしてのセックスをする」という紋切り型パターンを拒絶し、人間の真の姿を生々しく描こうとした挑戦的な作品に見えたことも事実なのだ。

会田誠さんの少女を描いた作品をめぐっての解釈や、サブカルの一ジャンルを占めたロリコン漫画をどう考えるかなどについても、考えは若干、違った。それらが芸術や文化であっても、そこに男と女の権力の差、支配と被支配、加害と凌辱の関係を感じると、ひと目見て「怖い」「気持ち悪い」と感じる北原さんのデリカシーのようなものが、私には完全に欠落している、と思った。

つまり私は北原さんと同じように、「男も女も平等に権利と機会を与えられるべき」とは思っている。政治的、社会的、経済的に女性は男性と対等であるべきであるし、それが達成されていないなら、そうなるように政府、行政、企業、学校などは努力すべきだとも思っている。

しかし、それを「文化」にまで適用してよいか、ということだ。あるいは、「個人の尊重」を唱えるリベラル派として、そこで「個人の選択」をどう考えるべきか、ということだ。

意見が完全に一致したとは言えなかったことのひとつに、セックスワーカーをめぐる議論があった。フェミニストの中にも、セックスワーカーの権利を認めるべきと主張する人たちがいる。その人たちの考えの基本は、セックスワーカーはその人たちが「自己決定」して選んだ仕事だということだ。もちろんセックスワーカーの権利が認められないこと自体間違っているが、その中には従軍慰安婦のように国家に強要されてそうせざるを得なかったり、いま話題の「AV強要問題」のようにだまされたり脅されたりしてその仕事についている人もいる。親による虐待などの結果、男性からの評価によってしか自己肯定できなくなって、それを求めてその仕事につく人もいる。その点について北原さんは繰り返し、文献や取材の経験などをもとに話していた。

私は、精神分析学的な視点からそもそも「自己決定」の「自己」というのをあまり信じていないのだが、だからといってセックスワーカーを一方的に搾取された人だと決めつけてよいのか、という逡巡がある。そのあたり診察室で会ったり個人的な友人だったりしたセックスワーカーたちの顔を思い浮かべながら、「たしかに彼女は本当にそうしたくてその仕事についていたわけではない」と言い、ただ一方で「でもやっぱり、そういう仕事を自ら選び取ってそうしている人もいるのでは」と思いながら、ついに自分の見解を絞り切ることができなかった。

おそらくゲーム、漫画、プロレスなどのサブカルにどっぷりつかっていた私は、人間をあえて「オタク」と「非オタク」に分けると明らかに前者なのだと思う。オタクは、世の中の保守本流をいつもちょっと離れたところから横目で眺め、自分たちがそこに躍り出ることもできないくせに、「これじゃダメだよ」などとツッコミを入れたりする。だからつい、地方の自治体がこれまでの毒にもクスリにもならないようなご当地キャラクターを捨て、なんだか妙にエロチックな「萌えキャラ」を作って発表したりすると、「何が起きたの!? お役所がこんなの作っていいわけ!?」とどこかテンションが上がってしまったりするのだろう。「いや、待てよ。このサイズが小さくてからだに貼りついたようなコスチュームは、男性が自分の性的な欲求のために無力な少女に無理やり着せているものなのでは?」とフェミニズム的な視線を自分で取り戻すことができるのは、その一拍あとのことなのである。

頭では、女性とくに自己決定が難しい年齢の少女が男性の性的な視線に晒されたり、性的な欲望の対象になったりすることがあってはいけない、ということはわかっている。しかし、「ありとあらゆる場面、表現、文化であってもそれは絶対にダメなのか」と言われると、うなずいてよいかどうかがわからなくなる……。これが、フェミニストとオタクの間の溝になっているのではないだろうか。

では、その溝はどうやって埋めればよいのか。いや、そもそも埋められるべきものなのか。それに対して、本書の中でたしかな答えまで到達することはできなかった。

これは今後の私の重い宿題である。

フェミニズムの予備知識もないまま対談に臨んだ私に、丁寧に気長に歴史から現状までを話してくれた北原さんには、心から感謝したい。ひとりの友人としては、いろいろな被害を受けても声をあげられない女性たち、社会の理不尽さを味わっている女性たちを守り、言論の場でときには様々な社会活動の場で顔を出し名前を出して闘う彼女、それでいていつもたおやかな笑顔やしぐさで心をなごませてくれる彼女を、心からリスペクトしている。

また、本書の企画から構成、対談のセッティング、本にまとめる作業まで、ずっとお世話になったイースト・プレスの藁谷浩一さんにもお礼を言いたい。藁谷さんはフェミニスト派かオタク派か、そのどちらでもないか最後までわからなかったけれど、北原さんを交えた打ち上げの場ででも尋ねてみたいと思っている。

そして最後に、本書が女性だけではなく男性やそれ以外の人たちにも手にとってもらえて、いろいろな議論の端緒になることを願って、この楽しくもハードボイルドな対話のあとがきを終えたい。

フェミニストとオタクは
なぜ相性《あいしょう》が悪《わる》いのか
「性《せい》の商品化《しょうひんか》」と「表現《ひょうげん》の自由《じゆう》」を再考《さいこう》する

2017年11月20日　初版第1刷発行

著者　香山リカ　北原みのり
発行人　永田和泉
編集　藁谷浩一
発行所　株式会社イースト・プレス
〒101-0051
東京都千代田区神田神保町2-4-7
久月神田ビル
tel. 03-5213-4700　fax 03-5213-4701
http://www.eastpress.co.jp

AD　三木俊一
デザイン　守屋 圭(文京図案室)
DTP　松井和彌
印刷所　中央精版印刷株式会社

ISBN 978-4-7816-1612-4